Beck'scheReihe

BsR 1201

Dieses Buch stellt in einfühlsamen und sehr persönlichen Porträts fünfzehn arabische Schriftstellerinnen der Gegenwart aus Algerien, Tunesien, Ägypten, dem Irak, Syrien, Palästina, Kuwait und dem Libanon vor. Allen gemeinsam ist die existentielle Bedeutung des Schreibens, in dessen Prozeß sie sich als selbstbewußte, moderne arabische Frauen neu definieren und mit ihren Publikationen schließlich auch einen bewußten Schritt an die Öffentlichkeit tun. Die Biografien sind stark von der Geschichte und der politischen Gegenwart des jeweiligen Herkunftslandes geprägt, auch wenn die porträtierten Schriftstellerinnen heute größtenteils im europäischen Ausland leben.

Hassouna Mosbahi, geb. 1950 in Kairouan (Tunesien), ließ sich nach langen Wanderjahren zwischen Paris, Madrid und London 1985 in München nieder, wo er seitdem als freier Schriftsteller und Journalist lebt und arbeitet. Auf Deutsch liegen vor: „So heiß, so kalt, so hart" (Novellen, 1989) und „Der grüne Esel" (Tunesische Erzählungen, 1996). Gemeinsam mit der Orientalistin *Erdmute Heller,* die ebenfalls in München als Journalistin arbeitet, veröffentlichte er das Werk „Hinter den Schleiern des Islam" (1993) über Erotik und Sexualität in der arabischen Kultur.

HASSOUNA MOSBAHI

Die rebellischen Töchter Scheherezades

Arabische Schriftstellerinnen der Gegenwart

Übersetzt und mit einer Einleitung versehen
von Erdmute Heller

VERLAG C. H. BECK

Mit 15 Abbildungen

Die Deutsche Bibliothek – CIP-Einheitsaufnahme

Mosbahi, Hassouna:
Die rebellischen Töchter Scheherezades: arabische
Schriftstellerinnen der Gegenwart / Hassouna Mosbahi.
Übers. und mit einer Einl. vers. von Erdmute Heller. –
Orig.-Ausg. – München : Beck, 1997
    Beck'sche Reihe ; 1201
    ISBN 3 406 42001 X
NE: GT

Originalausgabe
ISBN 3 406 42001 X

Umschlagentwurf: Uwe Göbel, München
Umschlagabbildung: Etel Adnan, Ghada Samman, Lina Tibi,
Haifa Zankana
© C.H.Beck'sche Verlagsbuchhandlung (Oscar Beck), München 1997
Gesamtherstellung: C.H.Beck'sche Buchdruckerei, Nördlingen
Gedruckt auf säurefreiem, alterungsbeständigem Papier
(hergestellt aus chlorfrei gebleichtem Zellstoff)
Printed in Germany

Inhalt

Erdmute Heller
  Arabische Schriftstellerinnen – gestern und heute . . .   7

Der Stern der Poeten
  Die irakische Dichterin Nazik al-Mala'ika   17

Ich bin und bleibe eine Nomadin
  Die syrische Dichterin Etel Adnan   28

Die wilde Taube Palästinas
  Die Schriftstellerin Salma Khadra al-Jayyusi   38

Die Prophetin der Revolution
  Die syrische Schriftstellerin Ghada Samman   46

Die Träume eines muslimischen Mädchens
  Die algerische Schriftstellerin Assia Djebar 57

Eine dichtende Prinzessin im Parlament
  Die kuwaitische Schriftstellerin Suad As-Sabah   66

Die Tochter der Wüste
  Die tunesische Schriftstellerin Fadhila Chabbi   76

Eine nicht zu bändigende Frau
  Die libanesische Schriftstellerin Hoda Barakat   85

Schwierige Reise in die Freiheit
  Die irakische Schriftstellerin Alya Mamdouh   94

Schreiben zwischen zwei Kulturen
  Die tunesische Dichterin Amina Saïd 103

Eine revolutionäre Träumerin
  Die irakische Schriftstellerin Haifa Zankana 112

Es lebe die Poesie
Die syrische Dichterin Lina Tibi 122

Die Blume des Propheten
Die irakische Schriftstellerin Salema Salih 130

Nur das Schreiben hat mich gerettet
Die ägyptische Schriftstellerin Salwa Bakr. 139

Die „Mutter Courage" Ägyptens
Die Schriftstellerin Latifa az-Zayet 149

Auswahlbibliographie 158

Abbildungsverzeichnis. 160

Erdmute Heller

Arabische Schriftstellerinnen – gestern und heute

Die Geschichte hat es erwiesen: Wann immer sich der religiöse Fanatismus in der islamischen Welt auszubreiten begann, waren die Frau und das Wort bedroht. Niemals zuvor waren sie es mehr als heute. *Taslima Nasrin* ist zwar die prominenteste, jedoch nicht die einzige Schriftstellerin, die von der islamistischen Gedankenpolizei verfolgt wird. Die jüngste Entwicklung in Algerien wirft ein bezeichnendes Licht auf die Atmosphäre der Einschüchterung und Gewalt, die augenblicklich in vielen muslimischen Ländern herrscht. Verbale und physische Angriffe auf Frauen, die nicht dem atavistischen Weltbild der Fundamentalisten entsprechen, sind an der Tagesordnung: Studentinnen, die keinen Schleier tragen, werden mit Messern angegriffen, die Häuser alleinstehender Frauen in Brand gesteckt. Schauspielerinnen erhalten Drohbriefe, Schriftstellerinnen werden auf Todeslisten für „vogelfrei" erklärt. Vor allem dann, wenn sie es wagen, zu tun, was Scheherezades Töchter zu allen Zeiten taten: sich aufzulehnen gegen die Rolle der Frau in der muslimischen Gesellschaft und damit gegen „die heilige Religion" selbst.

Die tunesische Schriftstellerin und Essayistin *Hele Beji* kommentiert diese Situation folgendermaßen: „Wir leben in der modernen orientalischen Welt nach wie vor in einem Klima ständiger Alpträume, in dem selbst das Atmen keine Selbstverständlichkeit ist." Für *Hele Beji* hat der blutrünstige Tyrann *Shahryar* aus den Märchen von Tausendundeiner Nacht mit Gewalt wieder die Bühne der Geschichte betreten, um die Frauen aus dem öffentlichen Leben zu vertreiben und sie daran zu hindern, ihre kreativen Kräfte zu entfalten. Frauen, die schreiben oder als Künstlerinnen tätig sind – im Film, im

Theater, in der Musik und in der Malerei –, fordern den Haß der Fundamentalisten in doppelter Weise heraus. Zunächst ganz einfach deshalb, weil sie Frauen sind – Wesen also, die als „Quelle des Bösen" mit dem Geruch der Sünde behaftet sind. Zum zweiten, weil sie „die Gesetze Gottes" mißachten, sprich: die gehorsamen Dienerinnen ihrer Ehemänner und Gebärerinnen ihrer Kinder zu sein, Gefangene des Hauses, des einzigen Lebensraums, der ihnen von der Gesellschaft zugewiesen ist.

Die selbstbewußte moderne arabische Frau, die sich in Öffentlichkeit und Beruf als tätiges Mitglied der Gesellschaft behauptet und ihre sexuelle Selbstbestimmung erkämpft, gilt den Ewig-Gestrigen als Botschafterin einer neuen *Dschahiliyya*, einer Wiederkehr der Zeit der heidnischen Barbarei vor dem Islam, als Inkarnation einer durch die verkommene Moral des Westens pervertierten Welt. Damit versuchen sie unter anderem, die Rolle zu verschleiern, die Frauen als Schriftstellerinnen und Künstlerinnen in der Geschichte des Islam gespielt haben. Denn zu allen Zeiten haben Frauen ihre Stimme erhoben, um Freiheit und Gerechtigkeit einzuklagen. Zu allen Zeiten haben sie durch Klugheit, Charme und Phantasie den Tyrannen getrotzt und dem männlichen Bild von der orientalischen Frau ihren eigenen Entwurf entgegengesetzt. Immer wieder waren in der islamischen Geschichte Frauen hervorgetreten, die den ewig lauernden Verdacht der Männer entkräfteten, daß weibliche Intelligenz ein Betriebsunfall der Natur sei. Wie *Scheherezade* durchbrachen sie jene Polarisierung der Geschlechter und die daraus abgeleitete Ordnung, die zu „Gottes eigenem Willen" erklärt wurde, in Wahrheit jedoch ein gewaltsamer Akt der Unterdrückung und der Domestizierung ist. Zur Einstimmung in unsere Porträts arabischer Schriftstellerinnen sei an einige der bedeutendsten Frauengestalten erinnert, die sich schreibend einen Platz in der islamischen Kulturgeschichte eroberten.

Die erste große Dichterin der arabischen Wüste war *Al-Khansa* (575–645). Bis heute gilt sie als Symbolfigur weiblicher Poesie in der vorislamischen arabischen Literatur. Ihre poetische Bildersprache und der Formenreichtum ihrer Dichtkunst übte eine nachhaltige Wirkung auf spätere Poeten aus. Berühmt wurde *Al-Khansa* vor allem durch ihre von tiefem Schmerz und leidenschaftlichen Gefühlen getragenen Elegien auf den Tod ihres Bruders *Sakhr* – auch er ein bekannter Dichter –, der in einer der Schlachten zwischen rivalisierenden Stämmen gefallen war. Die muslimische Literaturkritik sieht in *Al-Khansas* Werk einen kulturgeschichtlich bedeutenden Beitrag als weibliche Version der damals auf der arabischen Halbinsel herrschenden Stammesideologie.

Es war in jener Zeit üblich, daß die Dichter ihr Talent in ständigem Wettstreit miteinander maßen. Berüchtigt für ihre beißenden Spott- und Schmähgedichte, die sie mit den berühmtesten Dichtern ihrer Zeit austauschte, war *Laila al-Achyalyya*. Sie scheute nicht davor zurück, ihre männlichen Kollegen in ihren Tiraden durch sexuelle Anzüglichkeiten an der empfindlichsten Stelle zu treffen.

Der Islam schränkte die geistige und physische Freiheit der arabischen Frau erheblich ein. Vorbei waren die Zeiten, in denen es die Frauen – nach dem großen arabischen Historiker *at-Tabari* – „noch wagten, Teile ihres Körpers zu zeigen und sehr durchsichtige Kleider zu tragen." Die strengen Gesetze, die der Prophet Mohammed für das weibliche Geschlecht erlassen hatte, brachten die weiblichen Stimmen zum Verstummen. Nur wenige privilegierte Gestalten aus den Kreisen der Aristokratie konnten es sich erlauben, aus dem Gefängnis der islamischen Moral auszubrechen.

Eine von ihnen war *Sukeina*, Urenkelin des Propheten *Mohammed* und Tochter des bei Kerbela ermordeten Prophetenenkels *al-Hussein*, der bis heute von den *Schiiten* als Märtyrer verehrt wird. *Sukeina* war nicht nur berühmt für ihre Schönheit und Eleganz, ihren Witz und ihre Frivolität, sondern vor allem für ihre Klugheit und ihren rebellischen Geist. Sie stellte ihre privilegierte Herkunft in den Dienst der Kunst und Literatur. In ihrem Haus in Medina trafen sich die größten Dichter ihrer Zeit, um in heiter-ausgelassener Gesellschaft ihre neuesten Werke vorzutragen. *Sukeina*, so geht die Legende, belohnte die Poeten danach, wie sie ihre Geliebten und ihr Verhalten ihnen gegenüber beschrieben. Sie war mindestens viermal verheiratet, verbat sich von ihren Ehemännern jeglichen Widerspruch, provozierte Richter durch ihre kesse Rede bis zur Verzweiflung, brachte den Gouverneur von Medina durch ihre Aufmüpfigkeit allerdings auch öfters zum Lachen. Von ähnlichem Zuschnitt – schön, klug und kapriziös – war *Aischa Bint Talcha* (gestorben 719), eine Enkelin des ersten Kalifen *Abu Bakr*. Sie weigerte sich, ihre Gesicht zu verschleiern mit folgender Begründung: „Gott der Erhabene hat mich durch Schönheit ausgezeichnet. Die Leute sollen dies sehen [...] ich werde mich daher nicht verschleiern." Unzählige Poeten haben ihre Schönheit besungen, und es ist überliefert, daß sie sich – was ihre Kenntnis der altarabischen Geschichte und Dichtung betraf – mit den gebildetsten Männern der Zeit messen konnte.

Nach dem ersten großen Schisma, das die islamische Welt im Streit um die Nachfolge des Propheten und die Legitimität der politischen und religiösen Herrschaft in *Sunniten* und *Schiiten* spaltete, gewannen die Frauen vorübergehend eine neue Rolle im gesellschaftlichen, politischen, religiösen und kulturellen Leben. Besonders unter den *Kharidschiten* – einer der frühesten politischen-religiösen Sekten des Islam – wurden Frauen als Kämpferinnen und Dichterinnen für die kriegerische Propaganda mobilisiert.

Zu Beginn des 8. Jahrhunderts war aus der Urgemeinde des Propheten – der *umma* – ein Weltreich entstanden, das sich im Westen bis nach Spanien, im Osten bis an die Grenzen Chinas erstreckte. Mit der allmählichen Durchdringung des späthellenistischen Kulturraums durch die islamischen Eroberer wurden Bevölkerungsgruppen unterschiedlicher ethnischer, sprachlicher und religiöser Herkunft zusammengeführt. Durch die Verlagerung der Machtzentren des Reiches und die Vermischung mit den unterworfenen Völkern veränderte sich der Islam selbst. Die puritanische Einstellung der Frühzeit wich allmählich einem „urbanen" Islam und einer raffinierteren Lebensart. Mit diesem „städtischen Islam", der sich am Hof der Kalifen von Damaskus und Bagdad – sowie auch im maurischen Spanien – so reich entfalten konnte, erlebte die arabisch-islamische Zivilisation ihr „Goldenes Zeitalter". Künstler, Gelehrte, Dichter und Prosaisten profitierten von diesem liberalen Klima und scheuten sich nicht länger, Kritik an der Religion zu üben und die Freuden des Lebens und der Liebe zu verherrlichen.

Kalifen, Statthalter und Wesire wetteiferten darin, ihren Harem als Symbol ihrer Macht und ihrer Virilität mit schönen Sklavinnen und Konkubinen zu füllen, die als Beute des „Heiligen Krieges" aus den verschiedenen Ländern des riesigen Reiches kamen. Die Sklavinnen – arabisch: *dschawari* – wurden bald zu den gefürchtetsten Rivalinnen der „freien" arabischen Frau. Denn – so schreibt der große Universalgelehrte *al-Dschahiz* – „Wir haben den Eindruck, daß die Sklavinnen aktiver waren als die ‚freien' Frauen – sowohl was ihre ästhetische Kreativität betrifft als auch ihre Fähigkeit, die Dichter zu inspirieren ... Man hat sich viel mehr um die Unterweisung und Erziehung der Konkubinen gekümmert als um die der freien Frauen. [...] Was die freien Frauen betrifft, so haben sich nur ganz wenige privilegierte Klassen ihrer Erziehung und Ausbildung angenommen." Tatsächlich scheuten die Mächtigen keine Mühe, die Gespielinnen ihrer Nächte von den berühmtesten Meistern der Zeit in der Musik, der Dichtkunst und selbst den Wissenschaften unterweisen zu lassen. In vielen Anekdoten und Legenden ist von der – nicht nur erotischen – Vielseitigkeit der *dschawari* (Konkubinen) die Rede. *Scheherezade* widmet dem erstaunlichen Wissen und der faszinierenden Persönlichkeit der legendären Sklavin *Tawaddud* 25 Nächte (437. bis 462. Nacht), und viele zeitgenössische Historiker priesen die großartige Bildung und den klaren Verstand der Dichter-Sängerin *Arib*, die nicht nur mit fünf Kalifen – darunter *Harun ar-Raschid* – das Bett teilte, sondern auch die größten Geister ihrer Zeit durch ihre Intelligenz in Erstaunen versetzte. Das hohe geistige Niveau vieler *dschawari* war möglicherweise der Grund dafür, daß *al-Dschahiz* in einem seiner Werke die völlige rechtliche Gleichstellung der *dschawari* mit den „freien" Frauen forderte.

Auch die islamische Mystik hat eine Reihe berühmter Dichterinnen hervorgebracht wie etwa *Rabi'a al-Adawiyya* aus Basra (714–801). Während die Poetinnen am Hofe der Kalifen die Freuden der irdischen Liebe besangen, war das dichterische Werk *Rabi'a al-Adawiyyas* der reinen mystischen Gottesliebe gewidmet.

Im spanischen Andalusien war zu Beginn des 8. Jahrhunderts ein zweites Zentrum islamischer Kultur entstanden. Die weiblichen Rhapsoden Andalusiens genossen offensichtlich größere Freiheit als ihre Schwestern im Osten. In den freimütigen Versen *Walladas* (gestorben 1091), der Tochter eines Wesirs aus Cordoba, spiegelt sich die Libertinage einer höfischen Gesellschaft, die das Produkt einer einzigartigen Kultursymbiose war. *Wallada,* die Zeit ihres Lebens unverheiratet blieb, tauschte mit ihrem Dichterkollegen *Ibn Seidun* (1004–1070) leidenschaftliche Liebesgedichte aus. Die Zeitgenossen priesen ihre Geistesgegenwart, ihren Stolz und die Reinheit ihrer Sprache. Sie gilt als eine der rätselhaftesten weiblichen Figuren Andalusiens und verblüffte ihre zahlreichen Bewunderer mit folgenden Versen, die sie auf die Ärmel ihres Gewandes stickte:

> „Ich tauge bei Gott zu großen Dingen
> und geh meinen Weg mit stolzem Gang"

stand auf dem linken, und auf dem rechten war zu lesen:

> „Ich biete meinem Geliebten die Grübchen meiner Wange
> Und meinen Kuß jedem, der ihn begehrt."

Die Zerstörung Bagdads im Jahre 1258 durch die Mongolen bedeutete eine tiefe Zäsur in der Geschichte der islamischen Welt. Alles, was einst Symbol der Kultur, Kunst und verfeinerten Lebensart war, wurde von den Horden *Hülegüs* vernichtet. An die Stelle der Künstler und Wissenschaftler traten engstirnige Rechtsgelehrte, an die Stelle weltoffener Kalifen obskurantistische Fanatiker und Tyrannen. In dieser autoritären Männergesellschaft war kein Platz für kreative Frauen.

Nach Jahrhunderten der geistigen Lethargie und der kulturellen Öde kam es um die Mitte des 19. Jahrhunderts erstmals zu Ansätzen einer „Renaissance" – der sogenannten *Nahda* –, deren frischer Wind über die arabisch-muslimische Welt wehte, um dann, zu Beginn des 20. Jahrhunderts, als kulturelle Erneuerungsbewegung die gesamte arabische Welt zu erfassen. Eines der wichtigsten Themen, mit denen sich die führenden Geister dieser Bewegung beschäftigten, war die Emanzipation der Frau. Sie waren sich darüber im klaren, daß ohne die Befreiung der Frau aus den jahrhundertealten Fesseln einer sich „hinter Gottes eigenem Willen" verschanzenden Gesellschaft frömmlerischer Patriarchen keines ihrer Ziele zu erreichen war: technisch-wissenschaftlicher Fortschritt, Veränderung der Gesellschaft und Annäherung an die zivilisatorischen Errungenschaften des Westens.

Die Wortführer der Reformbewegung – allen voran die Ägypter *Rifāʿa al-Ṭahṭāwī* und *Qasim Amin* – hatten mit ihren couragierten Schriften den Boden bereitet für einen gesellschaftlichen Aufbruch, der nicht mehr aufzuhalten war. *Huda Sharawi*, die erste Präsidentin der 1920 gegründeten feministischen Vereinigung *Die Töchter des Nil,* warf nach ihrer Rückkehr von einem Frauenkongreß in Rom ihren Schleier demonstrativ ins Meer und ging in Alexandria mit unbedecktem Gesicht an Land. Zwischen 1882 und 1945 waren in Ägypten, Syrien und im Libanon 42 Frauenzeitschriften herausgekommen, in denen zum ersten Mal die traditionelle Rolle der Frau in der patriarchalischen Gesellschaft öffentlich in Frage gestellt wurde. Die einflußreichste und berühmteste dieser Gazetten war *Die Ägypterin* – ein Kulturmagazin, das gleichfalls von *Huda Sharawi* gegründet worden war. In den Zwanziger Jahren übernahm die erste Frau einen Lehrstuhl an der Universität Kairo. Sie hatte sich mit einer Arbeit über Tausendundeine Nacht habilitiert.

Die intellektuelle Aufbruchstimmung löste neue Impulse aus – vor allem in der Literatur. Nach Jahrhunderten des Schweigens attackierten Dichter und Prosaisten die überholten Traditionen, befreiten die Sprache aus ihrer Versteinerung, rüttelten am morschen Gebälk der religiösen Tabus. Zu den Leitfiguren dieser innovativen literarischen Strömung gehörte der

Libanese *Gibran Khalil Gibran* (1883–1931). Seine – stark von den romantischen europäischen Denkern beeinflußten – philosophischen und poetischen Texte wurden bald eine wichtige Referenz nachfolgender Schriftstellergenerationen. Seine Landsmännin und Seelengefährtin *May Ziyada* (1887–1941) wurde zu seiner bedeutendsten Epigonin.

Die Tochter eines reichen Libanesen hatte – ähnlich wie *Gibran Khalil Gibran* – schon als Kind den Libanon verlassen und lebte mit ihrer Familie in Kairo. Die ägyptische Metropole war damals das geistig-kulturelle Zentrum der großen Erneuerungsbewegung. Die ersten literarischen Salons waren entstanden, und *May Ziyada* nahm schon als junges Mädchen teil an der Erweckung des „schlummernden Bewußtseins". Sie lernte Englisch und Französisch, entdeckte bald ihre Liebe für die europäische Literatur, vor allem für die Romantiker. Schon die ersten Texte, die sie veröffentlichte, machten die Literaturkritik aufmerksam. In kurzer Zeit wurde sie zur bekanntesten Schriftstellerin der (damaligen) arabischen Welt. In ihrem berühmten literarischen Salon gingen die großen Schriftsteller und Künstler jener Zeit ein und aus, diskutierte man über Demokratie, Anarchie und Sozialismus, über die Liebe und die Rolle der Frau in der muslimischen Gesellschaft.

Eine der ersten Dichterinnen, die eine ganz neue poetische Sprache fand, war die 1923 geborene Irakerin *Nazik al-Mala'ika*. Ihr Beitrag zur Modernisierung der in Reim- und Metrenzwängen erstarrten arabischen Dichtung ist heute unbestritten. Unter dem Einfluß *Ezra Pounds, T. S. Eliots* und *W. B. Yeats'* hatte sie sich von Anfang an für den „freien Vers" entschieden – in damaliger Zeit ein Wagnis, das eine der größten literarischen „Schlachten" in der arabischen Kultur dieses Jahrhunderts auslöste. Neben der Poesie schrieb *Nazik al-Mala'ika,* die seit vielen Jahren schwerkrank ist, zahlreiche kritische Essays zur Verteidigung ihrer Thesen und um die zeitgenössischen Schriftsteller und Dichter – sowie auch die Leser – für die neuen Formen und Tendenzen in der europäischen Literatur zu sensibilisieren. Während Palästina nach dem Zweiten Weltkrieg im Donner der Kanonen und im Haß zweier Völker versank, erhob eine junge Palästinenserin ihre Stimme, um ihre Sehnsucht nach Liebe und Frieden, aber auch den Schmerz ihres Volkes auszudrücken, das von seinem eigenen Land verjagt wurde. Bis heute werden die Gedichte *Fadwa Tukans* an großen Fest- und Trauertagen von jungen Palästinensern deklamiert und gesungen.

Mit seiner großartigen „Trilogie" hat *Nagib Mahfus* einen Bann gebrochen, indem er den Schleier der allgemeinen Heuchelei lüftete und dem Leser Einblick gab in eine Welt des Lasters und der Perversionen. Er hatte auf diese Weise die Schriftsteller seiner und der folgenden Generationen dazu ermuntert, die soziale und politische Wirklichkeit ihrer Gesellschaft in realistischer Weise zu beschreiben, vor keinem Tabu mehr haltzumachen: Homosexualität, Prostitution und freie Liebe wurden zu beliebten Sujets der arabischen Literaten. Zu den Pionieren dieses neuen Realismus gehörten vor allem auch die Frauen. Sie schrieben aufsehenerregende Bücher – wie etwa die libanesische Schriftstellerin *Laila Baalabakki*. Ihr 1960 in Beirut erschienener Roman mit dem Titel „Ich lebe!" löste einen Skandal in religiös-traditionalistischen Kreisen aus. Man eröffnete einen Prozeß gegen sie, und das Buch wurde in verschiedenen arabischen Ländern verboten. Warum? Die Protagonistin des Romans rebelliert gegen das Schicksal der orientalischen Frau, gegen die gesellschaftlichen Repressionen und die Bevormundung durch den Mann. In einer sehr präzisen, poetischen Sprache beschreibt *Laila Baalabakki* die intimen Gefühle und sexuellen Fantasmen einer jungen Araberin. *Laila Baalabakki* war die erste Frau, die sich schreibend selbst über die in der islamischen Kultur am tiefsten verwurzelten Tabus hinwegzusetzen gewagt hat. Viele Schriftstellerinnen sollten ihrem Beispiel folgen. In allen arabischen Ländern – selbst in denen das Golfs – durchbrachen Dichterinnen und Schriftstellerinnen die Mauer des Schweigens, um ihren Schmerz, ihre Enttäuschung, ihren Zorn und ihre Revolte gegenüber den Fanatikern und Tyrannen laut hinauszuschreien – wie etwa die Syrerin *Ghada Samman:*

„Obwohl meine Haut weiß ist,
bin ich eine Art Negerin,
denn ich bin eine arabische Frau.
Ich wurde lebendig begraben
in den Wüsten der *Dschahiliyya.*
Und nun bin ich hier
im Zeitalter der Spaziergänge auf den Mond
lebendig begraben unter dem Sand
ererbter Demütigungen und Vorurteile.
Ich suche nicht die Liebe,
sondern eine Frau, die mir gleicht,
einsam und leidend,
um sie an der Hand zu nehmen,
um mit ihr neu geboren zu werden
unter den Dornen der Felder,
um dem Stamm Kinder zu gebären,
denen man später beibringen wird
uns zu verachten."

Der Stern der Poeten

Die irakische Dichterin Nazik al-Mala'ika

> Die Stille ist entschlummerte Poesie.
> *Nazik al-Mala'ika*

Schon ihr Familienname weckt poetische Träume: *al-Mala'ika* bedeutet auf Arabisch „die Engel". Und die Eltern gaben ihrer Erstgeborenen den schönen Vornamen Nazik – „der Stern". Naziks Vater, der sich leidenschaftlich für Literatur, Sprache und Geschichte interessierte, war ein glühender Verfechter des Liberalismus und des Fortschrittsgedankens, der Ende des 19. und zu Beginn des 20. Jahrhunderts von den Wortführern der kulturellen Erneuerungsbewegung in der arabischen Welt, der *Nahda,* vertreten wurde. Die Mutter, eine Frau von blendender Schönheit und äußerster Sensibilität, schrieb Gedichte und war mit der klassischen und modernen arabischen Poesie vertraut. Ihr Lieblingsdichter war Jamil Sidki al-Zahawi (1863–1936), der sich als erster im Irak für die Emanzipation der Frau einsetzte. Am Tag seines Todes schrieb sie zum Gedenken an ihn eine Elegie, die ihren Mann und andere Mitglieder der Familie zu Tränen rührte.

Nazik al-Mala'ika wurde an einem glühend heißen Augusttag im Jahre 1923 geboren. „Mein Vater gab mir den Namen Nazik in Erinnerung an eine syrische Kämpferin, die sich gegen das Osmanische Reich aufgelehnt hatte. Als meine Mutter zwei Jahre später ein zweites Mädchen zur Welt brachte, waren meine Großmutter und einige Familienmitglieder sehr enttäuscht und meinten: ‚Zwei Mädchen, das ist zuviel!'." Mein Vater hat ihnen ganz ruhig geantwortet: „Manchmal wiegt ein Mädchen tausend Männer auf!" Und als er ein paar

Jahre später dann einen Sohn bekam und dieses Ereignis mit großem Pomp gefeiert wurde, hörte ich meinen Vater zu einem seiner Freunde, die gekommen waren, um ihm zu gratulieren, sagen: ‚Für mich gibt es zwischen einem Mädchen und einem Jungen keinen Unterschied!' Damals gab es in unserer Gesellschaft wenige Männer, die wie mein Vater dachten!"

Nazik al-Mala'ikas Elternhaus – ein Gebäude aus dem 18. Jahrhundert – lag mitten im Zentrum Bagdads. Es war von herrschaftlicher Größe mit vielen Zimmern und Gängen, einem weitläufigen Innenhof und einer Terrasse, auf der die Familie die Sommerabende verbrachte.

Schon sehr früh entdeckte Nazik ihre Liebe zur Musik. Es gab noch kein Radio, aber das Grammophon kam damals gerade in Mode – vor allem in wohlhabenden Familien. Mit ihrem Onkel Jamil, der nur zwei Jahre älter als sie war, verbrachte Nazik viele Stunden damit, die Chansons des berühmten Musikers Mohammed Abdulwahhab (1910–1991) anzuhören. Sie liebte es, wenn ihre Mutter ihr die klassischen Gedichte vorlas, und während der religiösen Feste lauschte sie zutiefst gerührt den weiß gekleideten Männern, die im Schein der Kerzen den Koran rezitierten.

Kurz nachdem sie ihren 15. Geburtstag gefeiert hatte, kaufte ihr Vater ein Haus in einem Vorort Bagdads. Dieses über 600 m² große Haus lag inmitten von Palmen und Obstbäumen – Orangen, Aprikosen, Feigen und Birnen wuchsen dort in Hülle und Fülle. Nicht weit entfernt floß der Tigris – der Fluß, der später einen großen Einfluß auf Nazik al-Mala'ikas Leben und Werk ausüben sollte: „Ich war sehr glücklich in diesem Haus mitten in der Natur. Die meiste Zeit verbrachte ich mit Spielen zwischen den Bäumen. Ich liebte es, mich ins junge Gras zu legen, Blumen zu pflücken und eine Krone daraus zu flechten, die ich meiner kleinen Schwester auf den Kopf setzte. Eines Tages begleitete ich ohne Erlaubnis meiner Mutter ein Beduinenmädchen an den Tigris. Der Sand war wie ein Seidentuch unter meinen Füßen. Ich sah kleine Fische vorüberschwimmen. Ich ging bis zu den Knien hinein ins Wasser, um sie von nahem zu betrachten. Meine Mutter war sehr böse auf

Nazik al-Mala'ika

mich, aber ich hatte das Gefühl, ganz hoch in den Lüften zu fliegen. In der Schule fiel das kleine Mädchen ihren Lehrern und Lehrerinnen durch seine ungewöhnliche Intelligenz auf. Nazik begeisterte sich vor allem für den Sprachunterricht in Arabisch und Englisch, für Geschichte, Musik und Chemie. Nur die Mathematik war ihr verhaßt. Sie war noch keine acht Jahre alt, als sie anfing, Gedichte zu schreiben. Als Zehnjährige las sie ihrem Vater eines ihrer Gedichte vor. Nachdem dieser einen Grammatikfehler in ihrem Gedicht entdeckt hatte, war er ziemlich ungehalten und sagte zu ihr in strengem Ton: „Bevor man anfängt, Gedichte zu schreiben, sollte man die Regeln der Grammatik beherrschen!" Die kleine Nazik verbrachte daraufhin eine sehr unruhige Nacht. Am anderen Tag holte sie sich aus der Bibliothek ihres Vaters einige Grammatikbücher und fing an, sie eingehend zu studieren. Zur gleichen Zeit verschlang sie bereits alle Bücher und Zeitschriften, die ihr in die Hände fielen. „Mein Vater kaufte alle Literaturzeitschriften, vor allem diejenigen, die aus Kairo und aus Beirut kamen. Dank dieser Zeitschriften konnte ich mir eine ziemlich klare Vorstellung über die literarischen Aktivitäten in der arabischen Welt machen – noch bevor ich zwölf Jahre alt war."

Noch einmal wagte es Nazik, ihrem Vater ein Gedicht zu zeigen, das sie gerade geschrieben hatte. Nachdem er es aufmerksam gelesen hatte, rief er seine Frau und las es ihr vor. Nazik stand mit klopfendem Herzen dabei, denn sie fürchtete, ihre Eltern hätten wieder einen Grammatikfehler entdeckt. Dann wandte sich der Vater an sie mit der Frage:

„Wer hat dieses Gedicht geschrieben?"

„Ich habe es geschrieben", antwortete sie.

„Das ist unmöglich!" gab der Vater zurück.

„Warum?" fragt Nazik.

„Ganz einfach weil das Gedicht perfekt ist. Und weil man in deinem Alter so etwas Perfektes noch nicht schreiben kann", antwortet er.

Nazik protestierte heftig, doch keiner hörte ihr zu. Verzweifelt und entmutigt zog sie sich in ihr Zimmer zurück und weinte. Erst zwei Tage später waren die Eltern davon überzeugt, daß die Verfasserin dieses Gedichts keine andere als Nazik war. Die ganze Familie kam zusammen, um das Ereignis zu feiern.

Im Gymnasium kristallisierte sich die Leidenschaft des jungen Mädchens für Poesie und Musik immer deutlicher heraus. Sie las von nun an nicht nur die großen klassischen Dichter der arabischen Literatur, sondern englische Schriftsteller und Dichter wie Shakespeare, Shelly, Byron, Keats und andere. Sie war ständiger Gast des Englischen Kulturinstituts in Bagdad, besuchte regelmäßig Vorträge, Konzerte und Filmveranstaltungen, nahm an Diskussionen mit dem großen englischen Orientalisten Desmond Stewart teil, der später ein berühmtes Buch über die Gegenwartsgeschichte des Mittleren Ostens mit dem Titel „The Middle East – Temple of Janus" schrieb. Gleichzeitig nahm sie Musik- und Gesangsunterricht in der Hoffnung, eine berühmte Musikerin wie der Ägypter Mohammed Abdulwahhab zu werden. Später „verliebte" sie sich in die Philosophie, entdeckte Schopenhauer, der bald zu ihrem meistverehrten Philosophen wurde. „Die Beschäftigung mit der Philosophie lenkte meine Aufmerksamkeit auf das Problem der Zeit, des Seins, des Daseins und andere metaphysische Fragen. Nachdem ich Schopenhauer gelesen hatte, verstärkte sich mein Hang zur Einsamkeit, die für mich zum eigentlichen Ort des wahren Poeten und des wahren Denkers wurde."

Die junge Nazik verbrachte viele Stunden zusammen mit ihrer Mutter beim Lesen und Schreiben von Gedichten, die sie dann abends im Kreise der Familie vorlasen. „Meine Mutter war eine sehr sensible Frau. Sie liebte ihre Kinder sehr und war stets um unser Wohlergehen besorgt. Ihr Einfluß auf mich war bestimmend für meine Entwicklung. Sie war es auch, die mich mit den großen arabischen Dichtern der Zwischenkriegszeit bekannt gemacht hat. Ihr verdanke ich es auch, daß ich die Sprache und die Regeln der klassischen Metrik beherrsche. Sie hatte Dutzende von Gedichten geschrieben, die ich nach ihrem Tod in einem Band veröffentlichte."

Als sie sich gerade als Studentin an der Universität Bagdad eingeschrieben hatte, erlebte der Irak – wie die meisten Länder

der Welt – durch die Tragödie des Zweiten Weltkrieges eine seiner dunkelsten Perioden. Der beim Volk sehr beliebte 17jährige König Ghazi starb bei einem Autounfall. Die aufgebrachten Massen, die an ein Komplott glaubten, stürmten die Straßen Bagdads, um gegen die englische Besetzung zu protestieren. Den einzigen Trost fand Nazik al-Mala'ika in der Poesie. Sie schrieb Tag und Nacht. Am 30. Juli 1940 lud sie der soeben gegründete irakische Rundfunk zu einer Lesung ein. Als sie vor dem Mikrophon saß, zitterte sie vor Erregung. Doch sobald sie ihre Stimme erhob, vergaß sie alles um sich herum und begab sich auf eine weite Reise in die wunderbare Welt der Poesie. Nach diesem öffentlichen Debut wurden ihre Gedichte von allen großen Zeitungen Bagdads gedruckt.

Ende 1948 veröffentlichte Nazik al-Mala'ika ihren ersten Gedichtband mit dem Titel „Die Gebieterin der Nacht". Er war ein großer Erfolg. Die Kritiker verwiesen vor allem auf den „Schopenhauer'schen Pessimismus", der über allen Gedichten lag. Nazik al-Mala'ika erklärt den Grund dieses Pessimismus folgendermaßen: „Während ich die Gedichte meines ersten Bandes schrieb, war ich ganz vom Gedanken an den Tod besessen. Die Besetzung des Irak durch die Engländer entsetzte mich, und ich sah keinen Weg, wie mein Land seine Unabhängigkeit und seine Freiheit erlangen konnte. Ein weiterer Grund meines Pessimismus war die beklagenswerte Situation, in der die irakischen Frauen sowie auch die arabischen ganz allgemein lebten."

Doch die Poesie alleine reichte Nazik al-Mala'ika nicht. Um die Idee des Fortschritts und der Freiheit zu verteidigen, an die sie unbeirrbar glaubte, veröffentlichte sie mehrere Essays. Immer wieder hielt sie Vorträge, in denen sie sich für die Emanzipation der Frau einsetzte. „Solange die Frau ihre Wertschätzung und ihre Rolle aus der Ehe und nicht aus ihren intellektuellen Fähigkeiten bezieht, solange sie Sklavin des Mannes und Gefangene überkommener Traditionen bleibt, wird es keinen Fortschritt und keine Demokratie in unserer Gesellschaft geben, und der Mensch wird niemals seine vollen Freiheitsrechte genießen. Selbst die Sprache muß verändert werden, denn bis jetzt hat man den Eindruck, daß sie die Frau als inferiores Wesen behandelt."

Während sie noch ganz unter dem Eindruck des Erfolges ihres ersten Gedichtbandes stand, brach in Ägypten eine Choleraepidemie aus. Es gab täglich Hunderte von Toten. Unter dem Schock dieser entsetzlichen Katastrophe wollte sie ein Gedicht schreiben. Doch die Worte verweigerten sich ihr wie ein Felsgranit. Völlig entmutigt legte sie sich aufs Bett und hörte Radio. So verging eine Stunde. Plötzlich, in einem Anflug quälender Angst, griff sie nach ihrem Notizbuch und ging hinaus in den Garten. Dort setzte sie sich nieder und fing fieberhaft zu schreiben an. Doch was sie schrieb, gehorchte keiner Regel der Reimkunst und des Versmaßes. Es floß aus ihr heraus wie die Wasser des Tigris, und sie konnte den Strom nicht aufhalten. Als sie bemerkte, daß sie im Begriff war, etwas ganz Neues zu schaffen, kam eine große Freude über sie. Sie fühlte sich plötzlich ganz leicht, umgeben von Licht. Sie kehrte ins Haus zurück und wiederholte mit leiser Stimme:

> Tod, Tod – überall Tod
> die ganze Menschheit
> gebeugt unter dem Frevel des Todes.

Nachdem sie ihr neues Gedicht am Abend ihrem Vater vorgetragen hatte, zeigte er die gleiche Reaktion wie damals bei ihrem ersten Gedicht und sagte:

„Das ist doch keine Poesie, das!"

„Warum?"

„Ganz einfach, weil du dich absolut nicht an die Regeln der Metrik gehalten hast."

„Aber es gibt den Rhythmus, die Musik der Worte. Ich glaube, das genügt!"

„Das kann ich nicht nachempfinden. Meiner Meinung nach solltest du aufhören, solches Zeug zu schreiben!" empfahl er seiner Tochter.

Ihre Mutter war der gleichen Meinung. Doch Nazik ließ sich nicht entmutigen. Sie brach die heftige Diskussion ab, indem sie unbeirrbar und stolz erklärte: „Was ich geschrieben habe, wird die Poesie in der ganzen arabischen Welt revolutionieren!" Sie sollte recht behalten!

Das Gedicht mit dem Titel „Die Cholera", das unter dem Eindruck der in Ägypten 1947 ausgebrochenen Epidemie entstand, war tatsächlich das erste, das sich den strengen, jahrhundertealten traditionellen Regeln der Reimkunst „widersetzte". Es übte großen Einfluß auf die junge Dichtergeneration aus – nicht nur im Irak, sondern auch in der übrigen arabischen Welt. Gegen Ende der vierziger Jahre war Nazik al-Mala'ika die Vorkämpferin einer neuen poetischen Strömung, die sich von der totalen Herrschaft des verkrusteten klassischen Versmaßes löste.

1949 veröffentlichte Nazik al-Mala'ika ihren bis dahin letzten Gedichtband mit dem Titel „Splitter und Asche", der alle Gedichte enthielt, die sie in freiem Versmaß geschrieben hatte. Sie hat diesen Band ihrer jüngeren Schwester Ihsan mit folgenden Worten gewidmet: „Dies ist das Ergebnis einer Arbeit, die zwei Jahre gedauert hat. Ich widme sie meiner lieben Schwester Ihsan mit dem ganzen Wahnsinn des Berstens und der Traurigkeit der Asche." In der Einleitung des Bandes schrieb Nazik al-Mala'ika: „Ich glaube, es ist Zeit, Schluß mit einer Poesie zu machen, die einer so alten und erschöpften Tradition verhaftet und daher nicht mehr in der Lage ist, Antworten auf das Tempo und die Ansprüche des heutigen Lebens zu geben. Die arabische Sprache muß sich verjüngen, um die neuen Ängste und Hoffnungen ausdrücken zu können."

Wenige Tage nach der Veröffentlichung dieses Bandes brach Nazik al-Mala'ika zusammen mit ihrer Schwester und ihrem Bruder zu einem Ferienaufenthalt in den Libanon auf. Nach ihrer Rückkehr sah sie sich einem Sturm der Entrüstung gegenüber, den ihr Band bei der Kritik und beim Publikum ausgelöst hatte. Zahlreiche Literaturkritiker betrachteten „Splitter und Asche" als einen „schweren Angriff auf die wahre Poesie". Andere bezeichneten das Werk als „Geschwätz eines übergeschnappten jungen Mädchens". Das Telefon klingelte Tag und Nacht. Unbekannte beschimpften und bedrohten sie. Doch Nazik al-Mala'ika verlor nicht die Nerven. Sie blieb ihren Verleumdern gegenüber ruhig und souverän. Als Antwort auf deren vulgäre und haßerfüllten Angriffe schrieb sie in einem Artikel: „Die Imitation ist immer Ausdruck der Sklaverei. Und da die Dichter bis heute nichts anderes taten als die alten Meister zu imitieren, betrachte ich sie allesamt als Sklaven der Vergangenheit. Die Kunst, und zwar die wahre Kunst, ist immer mit Freiheit verbunden und mit dem Abenteuer. Aus diesem Grund standen die meisten echten Künstler – ob sie nun Dichter, Romanciers, Maler oder Musiker waren – im Widerspruch mit dem Geschmack und den Ideen ihrer Zeit. Der wahrhafte Künstler scheut sich nicht, schwierige und noch nicht begangene Wege zu gehen. Im Gegenteil: er betrachtet dies als sein Schicksal, dem er sich nicht entziehen kann."

Viele junge Dichter ergriffen für Nazik al-Mala'ika Partei. Zu den ersten gehörten Badr Schaker as-Sayyab (1926–1964) und Abdelwahhab al-Bayati, die beide heute zu den größten arabischen Dichtern unseres Jahrhunderts zählen.

Auf den Rat ihres Freundes, des englischen Orientalisten Desmond Stewart, verließ Nazik al-Mala'ika 1950 den Irak, um ein Jahr in Amerika an der Princeton University zu verbringen. Dort entdeckte sie die Schönheit des Schnees und wurde zum ersten Mal mit den großen amerikanischen Dichtern und Kritikern bekannt. Jede Woche schrieb sie einen Brief an ihre Schwester Ihsan, um sie über alles auf dem laufenden zu halten, was sie erlebte.

Zwei Jahre nach ihrer Rückkehr aus Amerika verlor sie ihre Mutter – ein Ereignis, das sie zutiefst bestürzte. Viele Monate war es ihr unmöglich, zu arbeiten, zu lesen, ihre Freunde zu sehen – ja selbst zu schlafen und zu essen. „Seit meiner Kindheit ging der Gedanke an den Tod mir nie aus dem Sinn. Der Tod meiner Mutter versetzte mich in tiefe Verzweiflung, die nie mehr von mir gewichen ist."

1954 brach Nazik al-Mala'ika ein zweites Mal nach Amerika auf. Während dieses Aufenthalts interessierte sie sich vor allem für die moderne Malerei, fand Kontakt zu Künstlern und besuchte die großen Museen und Kunstausstellungen des Landes. In einem Brief an ihre Schwester Ihsan, die damals an der Akademie der Schönen Künste in Bagdad studierte, schrieb sie:

„Ich würde gerne Deine neuen Bilder sehen. Ganz sicher werde ich bei meiner Rückkehr sehr viele vorfinden, und sie sind bestimmt von großer Qualität. Ich glaube, daß mir der abstrakte Stil in der Malerei nicht besonders liegt. Aber trotzdem bin ich der Meinung, daß wir Dichter diese Form der Malerei unterstützen müssen, weil sich durch sie der Abstand zwischen der bildenden Kunst und dem Bereich des Denkens verringert". In Amerika veröffentlichte Nazik al-Mala'ika mehrere kritische Essays, die in Hochschulkreisen und bei der Kritik große Beachtung fanden: „Im Lauf meines zweiten Jahres in Amerika konnte ich mich auf allen Gebieten weiterbilden. Ich verbrachte fast meine ganze Zeit in der Universitätsbibliothek und entdeckte neue Ideen und neue Denkansätze, die mein Leben völlig veränderten. Ich möchte sogar sagen, daß ich damals glücklich war."

1975 bekam Nazik al-Mala'ika einen Ruf als Professorin an die Universität Bagdad. Im gleichen Jahr veröffentlichte sie einen dritten Gedichtband, dem sie den Titel „Auf dem Grund der Wellen" gab. Inzwischen hatte sie auch mehrere Novellen und Essays über die Poesie, den Roman und das Theater geschrieben. Hin und wieder unternahm sie Reisen in den Süden oder den Norden des Irak, meist in Begleitung ihrer Schwester und ihres jungen Bruders. Als im Juli 1958 die Monarchie gestürzt und die Republik ausgerufen wurde, war Nazik al-Mala'ika kurze Zeit davon überzeugt, daß ihr Land nun zu Demokratie und Freiheit gefunden hätte. Doch diese Freude und diese Hoffnung wurden bald zunichte gemacht: „Es dauerte nicht lange, bis das neue Regime das Volk hinterging und die Früchte der Revolution unter den Stiefeln der Soldaten begrub!" Zutiefst enttäuscht und verletzt verließ Nazik al-Mala'ika ihr Land, um ein Jahr im Libanon zu verbringen. 1961 heiratete sie einen irakischen Universitätskollegen und ging mit ihm nach Kuwait, um dort an der Universität zu unterrichten. 1962 erschien ein Band kritischer Essays mit dem Titel „Die großen Fragen der modernen Dichtung", der bis heute als wichtige Quelle zum Verständnis der modernen arabischen Poesie dieses Jahrhunderts gilt.

Anfang der siebziger Jahre verstummte Nazik al-Mala'ika plötzlich. Sie zog sich zurück in ein Schweigen, aus dem sie bis heute nicht mehr aufgetaucht ist. Hatte sie nicht bereits in ihrer Jugend einmal geschrieben: „Das Schweigen ist die entschlummerte Poesie"? Schwer krank und von vielen Katastrophen heimgesucht – wie etwa von den vielen Kriegen, die ihr Land und die übrige arabische Welt erlebte –, hat sie sich völlig zurückgezogen von der Welt. Die wenigen Freunde, die sie in den letzten zehn Jahren noch besuchen konnten, trafen eine alte Dame an, die wie ein Gespenst durch ihr Haus geisterte und dabei kaum verständliche Satzfetzen vor sich hinmurmelte –, eine Abwesende, die mit Toten spricht, als wären sie lebendig, ihnen Tee zubereitet und versichert, sie hätten ihr am Telefon versprochen, zurückzukehren. Sie selbst ist nur noch ein engelgleicher Schatten, der ruhig dahinschwebt im Himmel der Poesie.

Ich bin und bleibe eine Nomadin

Die syrische Dichterin Etel Adnan

Ende der siebziger Jahre schenkte mir ein befreundeter Dichter, der gerade von einem langen Aufenthalt in Paris zurückgekehrt war, einen Gedichtband der syrischen Dichterin Etel Adnan mit dem Titel „Arabische Apokalypse". Da mir ihr Name völlig unbekannt war, sprach mein Freund lange über sie und erzählte mir, daß sie in französischer und englischer Sprache schreibe und wie eine Nomadin lebe, in Paris und Kalifornien. Ich verschlang ihren Gedichtband in einer Nacht. Eine Woche später veröffentlichte ich einen langen Artikel, in dem ich meine Bewunderung für die Dichterin und die subtile Kraft ausdrückte, mit der sie die Tragödie des libanesischen Bürgerkriegs beschreibt:

> „Die Sonne hatte ihre Kinder verschlungen,
> und auch ich war unglücklich,
> als ich am Morgen erwachte."

Als ich einige Monate später in Paris war, rief ich Etel Adnan an. Wir verabredeten uns für den Nachmittag, obwohl sie mit starken Rückenschmerzen im Bett lag. Ich setzte mich zu ihr, und wir plauderten bis zum Abend. Seither sind wir Freunde. Im Herbst 1995 hatte das „Haus der Kulturen der Welt" Etel Adnan nach Berlin eingeladen. Dort, in dem kleinen Hotel, in dem sie wohnte, begegneten wir uns zum zweiten Mal. Von ihrem Zimmer blickte man auf das gelbe Laub eines kleinen Gartens und Etel erzählte mir den ganzen Vormittag von ihrem langen Nomadenleben als Dichterin. Sie sprach über Malerei, über die Araber, über Paris und Amerika – und über die Liebe.

Etel Adnan

Ihr Vater, der aus einer vornehmen Damaszener Familie stammte, war ein Klassenkamerad von Mustafa Kemal Atatürk an der Militärakademie in Istanbul gewesen. Als Kommandant der osmanischen Armee hatte er während des Ersten Weltkrieges an der großen Dardanellenschlacht teilgenommen und war dabei verwundet worden. Kurz vor Kriegsende wurde er zum Garnisonschef in Izmir ernannt und verliebte sich dort in ein junges griechisches Mädchen von 18 Jahren. Obwohl er verheiratet und Vater von drei Kindern war, zögerte er keinen Augenblick, sie zu heiraten. Dann überschlugen sich die Ereignisse mit schwindelerregendem Tempo: das Osmanische Reich löste sich nach langer, schmerzlicher Agonie auf. Mustafa Kemal Atatürk gründete die erste türkische Republik. Um eine Auseinandersetzung mit seiner ersten Frau zu vermeiden, die mit den drei Kindern in Damaskus lebte, ließ Etels Vater sich mit seiner jungen Frau in Beirut nieder. Dort kam Etel Adnan im Jahre 1925 zur Welt.

In jener Zeit war Beirut eine blühende Gartenstadt mit nur 300000 Einwohnern. Man konnte von überall her das Meer sehen. In den Straßen duftete es nach Orangenblüten. Etel wuchs mit mehreren Sprachen auf: „Mein Vater sprach Türkisch, Arabisch und Deutsch – und manchmal auch Französisch. Meine Mutter sprach mit meinem Vater türkisch und mit mir griechisch. Weder in meiner Familie, noch in unserer Umgebung gab es irgendwelche religiösen Konflikte. Muslime und Christen lebten in völliger Harmonie zusammen. Zu jener Zeit herrschte im Orient eine beispielhafte Toleranz."

Schon mit fünf Jahren war die kleine Etel verliebt in das Meer. Ihr erster Gedichtband hatte später den Titel: „Das Buch des Meeres." Darin schreibt sie: „Ich liebte nicht die Männer, denn von Anfang an liebte ich das Meer mehr als alle anderen Kreaturen. Meine erste Leidenschaft war das Meer. Ich konnte schon schwimmen, als ich noch nicht einmal fünf Jahre alt war. Ich liebte es, am Meer zu sitzen und den Sonnenaufgang oder -untergang zu betrachten. Ich machte stundenlange Spaziergänge am Strand, spielte im Wasser und träumte im Sand. Deshalb habe ich auch meinen ersten Gedichtband dem Meer gewidmet."

Doch die Freude und das Glück, die ihr das Meer bescherten, wurden immer wieder getrübt durch die tiefe Melancholie, der Etels Vater mehr und mehr verfallen war und die ihr auf der Seele lastete. „Erst ganz allmählich habe ich den Grund dieser Depression begriffen. Als glühender Nationalist mit tiefem Geschichtsbewußtsein war mein Vater davon überzeugt, daß die Alliierten die Araber verraten hatten und daß Frankreich, das inzwischen den Libanon und Syrien kolonialisiert hatte, alles daran setzen würde, die großen, politisch einflußreichen Familien beider Länder zu dezimieren oder auszuschalten zugunsten unterwürfiger Emporkömmlinge. So kam sich mein Vater, der auf diese Weise in relativ jungen Jahren an den Rand gedrängt worden war, im eigenen Lande wie ein Flüchtling vor. Auch meine Mutter wurde immer melancholischer. Nachdem sie durch ihre Heirat ihrer Familie und ihrer Heimat entrissen worden war, empfand auch sie eine große Sehnsucht nach einer Welt, die es nicht mehr gab. Diese frühen Eindrücke haben mich sehr stark geprägt. Das ist auch der Grund, weshalb ich für die Leiden der Vertriebenen, Entwurzelten und Gedemütigten immer besonders empfänglich war und bin.“

Neben dem Meer waren es vor allem beide Eltern – jeder auf seine Weise –, die großen Einfluß auf die künstlerische Entwicklung des jungen Mädchens hatten. Von der Mutter, die bereits mit 12 Jahren die Schule verlassen hatte, wurde ihr Bewußtsein für die Schönheit – selbst die der einfachsten Dinge – geweckt. „Wenn sie die Töpfe gespült und blank gerieben hatte, sagte sie immer, ‚schau her, mein Kind: jetzt glänzen sie wie der Mond!‘ Sie hatte in allem einen ausgezeichneten Geschmack – wie sie das Essen zubereitete, den Tisch deckte, den Balkon mit Blumen versah und wie sie sich kleidete. Ihre größte Freude war es, das Haus immer sauber und schön geschmückt zu sehen.“

Etels Vater war ein großer Teppichliebhaber. Jeden Tag ging er auf den Teppichmarkt mit der Leidenschaft eines Kunstkenners, der sein Lieblingsmuseum besucht. „Nicht etwa, daß er die Teppiche kaufte, es genügte ihm, stundenlang die Farben, Formen und Muster zu betrachten.“

Mit sechs Jahren kam Etel in eine französische Schule. Dort verbot man ihr, Arabisch zu sprechen, was sie zutiefst verletzte. „Ich hatte den Eindruck, daß man mich auf diese Weise zwingen wollte, im eigenen Land wie im Exil zu leben. Ich habe natürlich später davon profitiert, schon in jungen Jahren mehrere Sprachen erlernt zu haben. Aber das kann niemals den Verlust der Muttersprache ersetzen!" Schon bald begeisterte sich die junge Etel für das Kino. Wenn sie sich langweilte, blätterte sie stundenlang in Wörterbüchern, um neue Vokabeln zu lernen und kleine Geschichten über die Blumen, den Himmel, die Nacht, die Sterne und das Meer zu schreiben. In der Schule interessierte sie sich vor allem für die Naturwissenschaften – für Chemie, Mathematik und für alles, was ihr half, das Mysterium der Dinge und der Welt, die sie umgab, zu entziffern.

Angesichts der sich ständig verschlechternden materiellen Situation ihrer Eltern beschloß Etel – kaum daß sie 16 geworden war – sich eine Arbeit zu suchen. „Ich empfand die Arbeit nicht als einen Zwang, sondern vielmehr als einen Akt der Befreiung. Ich wollte für mich selbst verantwortlich sein und meinen Eltern damit helfen. Das war während des Zweiten Weltkriegs. Ich arbeitete in einer französischen Presseagentur. Dort lernte ich sehr viel über Geschichte, Geographie, über Europa, Amerika, Japan und über die Mentalität der verschiedenen Völker. Damals entdeckte ich auch die französischen Dichter der Résistance: Aragon und Eluard. In der Schule hatte ich Corneille, Racine, Victor Hugo und Lamartine gelesen. Aber ich muß sagen, daß meine eigentliche Leidenschaft für die Poesie erst mit der Entdeckung Louis Aragons und Paul Eluards begann."

Nach dem Abitur, das sie neben ihrer Arbeit in der Presseagentur abgelegt hatte, schrieb Etel sich in der „Faculté des Lettres" ein. Dort begegnete sie einem französischen Professor – Gabriel Bounour –, dessen Einfluß auf ihre poetische Entwicklung von großer Bedeutung war. „Gabriel Bounour – ein enger Freund des großen französischen Orientalisten Louis Massignon – war ein ausgezeichneter Kenner der arabischen

Dichtung und der Poesie im allgemeinen. Auf seinen Rat hin fing ich an, Rimbaud, Baudelaire, Mallarmé und Nerval zu lesen. Von diesem Moment an wurde die Poesie zu meiner ganz persönlichen Welt. Ich war weder in der Familie noch in Beirut oder anderswo zuhause. Ich lebte in der Poesie. Ich hatte das Gefühl, die Dichter, die ich eben genannt habe, viel besser zu kennen als meine Familie! Ich lief durch die Straßen Beiruts und las Gedichte. Damals schrieb ich meinen ersten Gedichtband: „Das Buch des Meeres".

1949 brach Etel Adnan nach Paris auf, um an der Sorbonne Philosophie und Kunstgeschichte zu studieren. Die Stadt erschien ihr grau und düster. Die Spuren des Krieges waren noch deutlich sichtbar. Doch die junge Studentin war sehr glücklich. Sie hatte die Gewohnheit, die letzte Metro davonfahren zu lassen, und ging zu Fuß vom Quartier Latin bis zur Cité Universitaire am Boulevard Jourdan. Sie besuchte die Pariser Museen, vor allem den Louvre, ging häufig ins Theater und ins Konzert und zu den Vernissagen junger Künstler. Später beschloß sie, selbst Malerin zu werden. „Die ersten Jahre in Paris waren unglaublich reich für mich. Das Philosophiestudium hat mich nicht etwa von der Poesie entfernt – im Gegenteil, es war im Grunde ein Zusammenspiel, eine Einheit und eine ,Verlängerung' der Poesie. Als ich gelesen hatte, was Heidegger über Hölderlin schreibt, war ich in keiner Weise erstaunt, denn ich hatte längst erkannt, daß Baudelaire, Nerval und Rimbaud große Metaphysiker waren. Im übrigen entdeckte ich, daß die Philosophen, die mir am meisten lagen – nämlich die Vorsokratiker – große Dichter waren. Mir wurde damals auch klar, daß die Malerei eine ganz spontane Form der Poesie ist. Eine Poesie der Farben und der Formen anstelle der Worte. Aus diesem Grund ist es mir auch leicht gefallen, gleichzeitig Dichterin und Malerin zu sein."

Nachdem sie einen zweiten Gedichtband mit dem Titel „Das Buch des Lebens, das Buch des Todes" veröffentlicht hatte, verließ Etel Adnan Paris, um nach Amerika zu gehen und an der Universität von Berkeley ihre Doktorarbeit in Philosophie zu schreiben. In wenigen Monaten gelang es ihr, ihr

Englisch so weit zu vervollkommnen, daß sie bald anfing, auch in dieser Sprache zu schreiben. „Als ich Faulkner, Dos Passos, Miller, Fitzgerald, Ezra Pound und Edgar Allan Poe las, hatte ich das Gefühl, daß sie mir sehr nahe stehen – so sehr, daß ihre Sprache auch die meine geworden ist!"

In Amerika entdeckte Etel Adnan auch den Jazz und die verschiedenen feministischen Bewegungen. Sie wurde konfrontiert mit den Problemen der Schwarzen. Auch lernte sie ein anderes Bild von der arabischen Welt und von Afrika kennen: „Ich habe tatsächlich erst in Amerika die arabische Welt wirklich kennengelernt, indem ich regelmäßig kulturelle Veranstaltungen Nordafrikas und des Nahen Ostens besuchte. Vorher hatte ich nur ganz lückenhafte Vorstellungen und Informationen über diese Länder. Aber seither habe ich eine ziemlich umfassende und präzise Kenntnis ihrer politischen, gesellschaftlichen und kulturellen Situation. Ich traf sehr häufig afrikanische Intellektuelle, die mir von den Problemen ihres Kontinents berichteten. Sie waren es auch, die mir empfohlen haben, Franz Fanon, Aimé Cesaire, Léopold Sédar Senghor und andere Autoren zu lesen. Doch am meisten haben mich in jener Zeit zwei Probleme beschäftigt: die Palästinafrage und Algerien. Im Libanon und in Frankreich hatte ich von diesen beiden Problemen nur eine ganz vage Idee. Erst in Amerika habe ich den Kern des Problems, das heißt seine Ursache, richtig begriffen. Im übrigen habe ich sieben Jahre lang keine einzige Zeile auf Französisch geschrieben. Das war die einzige Form, in der ich meine oppositionelle Haltung gegenüber Frankreich während des algerischen Befreiungskrieges ausdrücken konnte."

An der Universität von Berkeley hatte Etel während ihres fünfjährigen Studiums auch die Entdeckung gemacht, daß die amerikanische Konzeption der Philosophie sich von der europäischen grundlegend unterschied. „Am Anfang hatte ich große Schwierigkeiten, mich mit dieser Auffassung anzufreunden. Für meine amerikanischen Professoren folgte die Philosophie vor allem der mathematischen Logik und die Linguistik der Naturphilosophie. Aus diesem Grund waren die eigentlichen Philosophen für sie Hobbes, Hume und Locke, während sie Nietzsche als Dichter, als Poeten betrachteten! Ich brauchte sehr lange, um dies akzeptieren zu können. Aber ich muß gestehen, daß ich im Grunde immer bei der europäischen Auffassung der Philosophie geblieben bin. Deshalb habe ich meine Doktorarbeit über Kant geschrieben, den ich seit meiner ersten Lektüre als einen ‚Ozean der Ideen‘ in ständiger Bewegung empfand.“

Nachdem sie promoviert hatte, bekam Etel Adnan einen Ruf als Professorin für Philosophie nach Harvard. 1956 erwarb sie ein kleines Haus in Kalifornien. Seither führt sie ein Nomadenleben zwischen Amerika, Europa und dem Libanon: „Ich bin als Nomadin geboren, und ich bin es bis heute geblieben. Ich kann tatsächlich sagen, daß ich nie eine wirkliche Heimat hatte. Ich bin im Libanon geboren, aber ich bin väterlicherseits Syrerin und mütterlicherseits Griechin – aufgewachsen zwischen verschiedenen Kulturen und Sprachen. Ich lebe gerne in Amerika, aber ich habe Sehnsucht nach Europa, vor allem nach Paris. Der Libanon, das Land meiner Kindheit und Jugend, ist nach wie vor eine Quelle der Inspiration für mich. Deshalb kehre ich auch immer wieder dorthin zurück.“

Anfang der Siebziger Jahre verbrachte Etel Adnan einige Monate im Libanon. Vor ihrem Aufbruch nach Amerika hatte sie in Beirut einen Gedichtband mit dem Titel „Expreß Beirut-Hölle“ veröffentlicht, in dem sie die Katastrophe des Bürgerkriegs vorausgesagt hatte. „Da ich sowohl zu Christen wie zu Muslimen, zu Intellektuellen der Rechten wie der Linken, zu Palästinensern wie zu Phalangisten gute Beziehungen hatte, konnte ich mir ein ziemlich genaues Bild der Situation machen. Durch diese Kontakte mit Menschen unterschiedlicher Zugehörigkeit wurde mir klar, daß zwischen diesen Gruppen ein tiefer Haß schwelte, der den Libanon irgendwann in Flammen setzen würde. Ich schloß meinen Gedichtband in wenigen Wochen ab. Nachdem er erschienen war, wurde mein Pessimismus von vielen Intellektuellen – linken wie rechten – heftig kritisiert. Doch die Geschichte sollte mir recht geben!“

Während des Bürgerkriegs, der 1975 ausgebrochen war, hatte Etel Adnan den Libanon mehrmals besucht. Das erste Ergebnis dieser Aufenthalte war der Gedichtband „Arabische Apokalypse", der 1978 erschien. In jeder Zeile dieses Bandes tritt uns das Bild einer in Haß, Blut und Gewalt getauchten arabischen Welt entgegen. Die Sonne ist vom Anfang bis zum Ende allgegenwärtig – genauso wie die Toten, die Verrückten, die Propheten, das Meer, die Wüste, die verlassenen Waisenkinder, die Gräber und die trauernden Frauen. „Hier geht die Sonne weder auf noch unter" – wie es ein Kritiker sehr treffend beschrieb. Etel Adnan beschreibt die arabische Apokalypse in leuchtenden Farben – wie auf einem riesigen Bildschirm: „Die lange Reise einer gelben Sonne von der Moschee bis zum großen, inzwischen verlassenen Place des Martyrs. Ein geräuschloses Taxi. Schwarze Autos für die Toten. Palästinenser ohne Palästina."

Das zweite Ergebnis ihrer Besuche in Beirut während der Jahre des Bürgerkriegs war der Roman „Sitt Marie Rose", der unmittelbar nach seinem Erscheinen im Libanon verboten wurde. „In diesem Roman, den ich in wenigen Monaten beendete, habe ich die Greuel des Bürgerkriegs beschrieben und dabei alle kriegsführenden Parteien verurteilt – die Christen, die Muslime, die Phalangisten, die Palästinenser, die Gläubigen wie die Ungläubigen [. . .] Für jeden von ihnen war es ein gerechter, legitimer Krieg. Für mich war es ein wahnsinniges, mörderisches Verbrechen.

Der Himmel über Berlin ist nun ganz blau, nur ein paar kleine weiße Wolken ziehen auf. Wir bestellen zwei Gläser Orangensaft, und Etel spricht weiter: „Ja, ich schreibe Französisch und Englisch, aber ich betrachte mich als arabische Dichterin. Alles was ich schreibe oder male, ist geprägt von der Kultur, der Musik und den Farben der arabischen Welt. Natürlich bin ich manchmal traurig, daß ich nicht Arabisch schreiben kann. Aber was soll ich tun? Es ist mein Schicksal!"

Was empfindet sie als Künstlerin zwischen verschiedenen Formen des kreativen Schaffens – der Lyrik, des Romans, der Malerei? Sie antwortet ohne Zögern: „Ich weiß nicht, wie ich das erklären soll. Ich habe geschrieben, bevor ich anfing zu malen. Doch mit der Zeit wurde die Malerei ein sehr wichtiges

Ausdrucksmittel für mich. Wir tun die meiste Zeit viele Dinge, ohne zu wissen warum. Ich mag darüber eigentlich nicht philosophieren. Ich schreibe, wenn ich dazu Lust habe, und ich male, wenn mir danach zumute ist – das ist alles!" Sie schweigt einen Moment, dann fügt sie hinzu: „Ich gebe zu, daß ich nicht besonders gerne arbeite. Ich denke gerne, liebe es, zu schauen, zu träumen, zu gehen [. . .] Manchmal verbringe ich viele Monate ohne irgend etwas zu tun, und das macht mir großen Spaß!"

Ihre Freundin Simone Fattel, setzt sich zu uns. Etel Adnan fixiert mich kurz, dann lächelt sie wie die Giaconda und sagt: „Ich glaube, daß der Mensch von Natur bisexuell ist. Aber er muß sich entscheiden. Ich habe Simone Anfang der siebziger Jahre in Beirut kennengelernt. Seither leben wir zusammen und sind sehr glücklich."

Die wilde Taube Palästinas

Die Schriftstellerin Salma Khadra al-Jayyusi

> Ich bin eine Wunde auf der Stirn
> meines Landes
> Dem Winde vermählt durch ein
> endloses Exil
> Mein Volk ist lebendig begraben
> Meine Kinder? Flackernde
> Lampen
> Verloren in der großen Nacht der
> Welt
> Und mein Land? Ein Mond der
> Traurigkeit
> Untergegangen seit langer Zeit.
> *Salma Khadra al-Jayyusi*

Wir waren eine kleine Gruppe junger Schriftsteller in Tunis, die sich um die Mitte der siebziger Jahre auflehnte gegen alles: gegen die Politik des Bourgiba-Regimes, gegen die Familie, die Religion, die „offizielle Kultur". Man nannte uns *les enfants sauvages* – oder auch *les enfants enragés* – die ‚Wilden', ‚die wütenden Kinder'. Namen wie diese gefielen uns sehr. Sie reizten uns dazu, unsere Revolte zu radikalisieren. Die Geheimpolizei überwachte uns ständig. Die regimetreuen Schriftstellerkollegen mieden uns wie die Pest. Arabische Schriftsteller und Intellektuelle, die auf Einladung des Kulturministeriums nach Tunis kamen, wagten es nicht, sich mit uns zu treffen, aus Angst, ihre Gastgeber zu verprellen.

Eines Tages kündigten die Zeitungen den Besuch einer der ganz großen Gestalten der zeitgenössischen arabischen Kultur an: Salma Khadra al-Jayyusi. Wir kannten einige ihrer Ge-

Salma Khadra al-Jayyusi

dichte, hatten in den berühmtesten Kulturzeitschriften Beiruts ihre kritischen Essays und ihre hervorragende Übersetzung der Romantetralogie „Alexandria-Quartett" von Lawrence Durrel gelesen. Die Ankündigung ihres Besuches versetzte uns in Euphorie. Im „Haus der Kultur Ibn Khaldun" sollte sie über die moderne arabische Lyrik sprechen. Wir waren schon eine Stunde vor Be-ginn da. Sie auch. Unter den mißbilligenden Blicken der offiziellen Kulturvertreter plauderten wir mit ihr. Der Saal war voll. Sie trug ein rotes Kleid und sprach – lächelnd und völlig entspannt – mehr als eine Stunde lang über die bedeutendsten modernen arabischen Dichter. Es folgte eine Diskussion, die wir im Restaurant ihres Hotels fortsetzten. Dort saßen wir mit ihr zusammen bis tief in die Nacht.

Seit jenem Abend habe ich Salma Khadra al-Jayyusi nur noch zweimal wiedergesehen: 1985 in Tunis und 1987 in Bagdad. Diese beiden Begegnungen haben das Bild, das ich mir von ihr gemacht hatte, bestätigt – das Bild einer liebenswürdigen, warmherzigen Frau, einer sensiblen Dichterin und brillanten Kritikerin, die allen Strömungen und neuen Stimmen gegenüber aufgeschlossen ist, einer energischen Intellektuellen, immer bereit, junge Talente zu ermutigen und zu fördern.

Nun sehe ich sie wieder. Salma Khadra Jayyusi ist Gast des Wissenschaftskollegs in Berlin. Sie erwartet mich in einem freundlichen Appartement im Grunewaldviertel. Es ist vollgestopft mit Büchern, Zeitschriften und Manuskripten. Die Frau, die vor mir steht, ist nicht mehr die sprühende Person unserer letzten Begegnungen. Die Zeit hat ihre Arbeit getan, Salma ist gealtert und müde geworden. Doch ihr Lächeln ist geblieben – Beweis der inneren Stärke, mit der sie die Schwierigkeiten ihres Lebens gemeistert hat.

Salma Khadra al-Jayyusi ist 1926 im westjordanischen Assat geboren. Sie war noch kein Jahr alt, als ihre Eltern beschlossen, nach Jerusalem zu übersiedeln. Ihr Vater, Anwalt von Beruf und flammender Nationalist, war Mitbegründer der palästinensischen Unabhängigkeitspartei *Al Istiqlal*. Seine politischen Aktivitäten während der englischen Okkupation brachten ihn mehrmals ins Gefängnis. Einmal – es war im Jahre 1934 – drohte ihm sogar die Todesstrafe. Salmas Mutter stammte aus dem Libanon. Sie las mit Begeisterung die großen Meister der Weltliteratur – vor allem Dickens, Tolstoi, Dostojewski und Balsac. „Ich war immer sehr stolz auf meine Eltern und bin es noch immer. Sie waren gebildet, kultiviert und sehr aufgeschlossen. Mein Vater war es, der mich dazu anhielt, mein Studium zu Ende zu führen. Und meine Mutter sagte: ‚Ach, wenn Salma doch ein Junge wäre!' Ich protestierte dagegen. Sie lachte und sagte: ‚Hör zu, meine Kleine, wenn ich das sage, so deshalb, weil ich genau weiß, was eine kultivierte und intelligente Frau in dieser misogynen arabischen Welt erwartet!'"

Mit neun Jahren schrieb Salma ihren ersten Text: ein patriotisches Gedicht zum Ruhme Palästinas. Als junges Mädchen träumte sie davon, eines Tages eine berühmte Frau zu werden – wie May Ziyada, jene libanesische Schriftstellerin, die Anfang des Jahrhunderts in Kario den ersten literarischen Salon gegründet hatte. Nach dem Abitur schrieb sie sich 1944 an der Amerikanischen Universität in Beirut ein. Dort begegnete sie auch ihrem späteren Mann. „Wir waren sehr verschieden. Er war religiös und konservativ. Ich hatte mich bereits von der Religion distanziert. Trotzdem liebten wir uns und beschlossen, zu heiraten, nachdem wir die Zustimmung unserer beiden Familien eingeholt hatten."

Der israelisch-palästinensische Krieg von 1948 hatte viele palästinensische Familien gezwungen, in die benachbarten arabischen Länder zu fliehen. Salmas Familie ging nach Damaskus. Die Jungverheirateten erlebten in Beirut die Tragödie ihres Volkes: „Es war der Anfang der palästinensischen Diaspora. Ich sehe noch immer all die Familien vor mir, die ihre Häuser, ihre Felder und ihren Besitz verloren hatten und unter der sengenden orientalischen Sonne umherirrten – ohne Hoffnung und ohne Ziel. Zum erstenmal in meinem Leben sah ich meinen Vater weinen. Das einzige, was er retten konnte, war seine Bibliothek."

Anfangs der fünfziger Jahre bot sich dem jungen Ehepaar eine große Chance: Die jordanische Regierung ernannte Salmas Mann zum Konsul an ihrer Botschaft in Italien. Bei ihrer Ankunft war Rom noch von den Wunden des Krieges gezeichnet. Doch Salma verliebte sich sofort in die „Ewige Stadt". „Vom ersten Augenblick an hatte ich das Gefühl, daß Rom mir ähnlich sei: verwundet, aber stark genug, die schweren Heimsuchungen der Vergangenheit zu überwinden."

Die nächste Station war Madrid. Salma durchstreifte – allein oder mit ihrem Mann – ganz Andalusien auf den Spuren der arabischen Zivilisation. Jahre später widmete sie der Geschichte der Araber in Andalusien eines ihrer schönsten Bücher.

1954 wurde für Salma ein schlimmes Jahr. Alarmiert von der Nachricht über die plötzliche Erkrankung ihres Vaters, eilte sie mit ihren drei Kindern nach Damaskus. Durch ihre Gegenwart, erzählt sie, schien der Vater seine Vitalität von einst wiederzugewinnen: Salma erschien ihm wie eine Rose aus den blühenden Gärten Granadas. Doch Salma war sich seines nahen Todes bewußt. Zehn Tage nach ihrer Ankunft in Damaskus teilte ihr Mann ihr in einem Brief mit, daß er für einige Zeit allein leben wolle. „Es war wie ein Schlag in den Magen. Mein Vater im Sterben – und dann noch dieser Unglücksbrief. Vier Tage lang lief ich durch Damaskus – ich lief und lief – bis zur Erschöpfung. Auf diese Weise ist es mir gelungen, den Schmerz zu überwinden, an dem ich fast zerbrochen wäre."

Sie zerbrach nicht; sie kämpfte, fuhr nach Madrid zurück. Trat ihrem Mann ganz ruhig und ohne Groll entgegen: „Hör zu, sagte ich zu ihm, ich weiß, daß du dich in eine junge Spanierin verliebt hast. Ich kann dich verstehen! Aber du mußt mich auch verstehen. Ich kann nicht allein die Verantwortung für drei Kinder übernehmen!"

Der eheliche Sturm war noch nicht vorüber, da wurde Salmas Mann nach Bagdad versetzt. Dort nahmen sie das gemeinsame Leben unter unsicheren Vorzeichen wieder auf. Das einzige freudige Ereignis des Jahres 1954 ist in Salmas Erinnerung folgendes: Sie hatte ein Gedicht an den Dichter Badawi al-Gabal geschickt, der damals syrischer Gesundheitsminister war. „Sobald er es gelesen hatte, forderte Badawi al-Gabal, der gerade auf dem Weg nach Hause war, seinen Chauffeur auf, ihn zur Zeitschrift *Al-Adat* in Beirut zu fahren – immerhin ein Weg von zweieinhalb Stunden! ‚Es ist leider zu spät, die neue Nummer ist schon in der Druckerei‘, sagte der Chefredakteur der Zeitschrift. Doch Badawi al-Gabal ließ nicht locker, und mein Gedicht wurde auf der ersten Seite der berühmtesten Literaturzeitschrift jener Zeit veröffentlicht."

Beirut erlebte damals gerade sein „Goldenes Zeitalter". Die Zeitschrift *Schi'ir* (Poesie), die der libanesische Dichter Yussuf al-Khal ins Leben gerufen hatte und die später eine wichtige Rolle in der arabischen Kultur spielte, war gerade erschienen. Salma war Mitglied des Redaktionskomitees, zu dem die berühmten Dichter Unsi al-Haj, Schawki Abi Shakra und Adonis gehörten. Sie veröffentlichte Prosagedichte, kritische Essays und Übersetzungen der größten englischen und amerikanischen Dichter. „Die fünfziger Jahre waren die Jahre meiner intellektuellen und moralischen Reife. Es war auch die Zeit, in der ich tiefe und nützliche Beziehungen anknüpfte mit den besten arabischen Dichtern und Schriftstellern. Ich war damals voller Hoffnung und Enthusiasmus und fest davon überzeugt, daß die arabische Welt sich wandelte und auf dem Weg in eine bessere Zukunft war. Doch meine Träume sollten sehr bald zerbrechen!"

Ihren ersten Gedichtband veröffentlichte Salma noch in Beirut. Er hat den Titel „Rückkehr zur träumerischen Quelle". Eines der schönsten Gedichte dieses Bandes, der von der Kritik begeistert aufgenommen wurde, heißt „Die wilde Taube" – von ihren engsten Freunden wird Salma seither oft „die wilde Taube" genannt.

Während der folgenden drei Jahre in Kuwait (wo ihr Mann von 1962 bis 1965 Minister für Auswärtiges war) gab sie die Literatur und das Schreiben auf, widmete sich sozialen Aufgaben. Sie gründete ein Komitee zur Verteidigung der Rechte der palästinensischen Frauen. Diese aufreibende Arbeit hielt sie

Tag und Nacht beschäftigt. „Das politische und kulturelle Leben jener Zeit gab keinerlei Grund zur Hoffnung. Die Petrodollars fingen an, das Blut der Araber zu vergiften. Irgendwann wurde mir klar, daß ich auf einer Bombe lebte, die von einer Minute auf die andere explodieren konnte. Ich nahm also meine Kinder und fuhr zurück nach London, um dort zu promovieren."

Fünf Jahre verbrachte Salma in der „Stadt des Nebels" – hier mußte sie die Niederlage der Araber gegenüber Israel im Jahre 1967 und die Vertreibung der Palästinenser aus Jordanien im Jahr 1970 erleben. Drei Jahre ging sie dann als Professorin für arabische Literatur nach Khartum – dort „war ich glücklich"; dann kam Algier – das „schwärzeste Jahr" ihres Lebens. „Die Algerier sind hart – mit sich selbst und mit den anderen." Salma verließ Algier am 4. Juli 1974 mit dem Schiff Richtung Marseille. Das erste, was sie tat, sobald sie ihre Kabine bezogen hatte, war, ein sehr heißes Bad zu nehmen, „um den ganzen Schmutz dieses Jahres abzuwaschen. Dann schloß ich mich ein, zog die Vorhänge zu, um die algerische Küste nicht mehr sehen zu müssen."

Seit 1976 lebt Salma Khadra al-Jayyusi in den USA, als Professorin für arabische Sprache und Literatur. Mehrere berühmte Universitäten verliehen ihr den Doktortitel „honoris causa". Damit wurde auch ihr Einsatz für die „Prota" gewürdigt – ein Projekt, das sich zur Aufgabe machte, die berühmtesten Werke der arabischen Literatur ins Englische zu übersetzen. Es war nicht leicht, diesen fruchtbaren Dialog mit dem Okzident sowie auch den anderen Völkern in Gang zu setzen. „Der Westen ist sehr an unserer Kultur interessiert, an unserer klassischen und modernen Literatur. Wir, die Araber, aber machen keinerlei Anstrengungen, um diese unsere Kultur bekanntzumachen. Die arabischen Regierungen geben beträchtliche Summen aus für hochmoderne Waffen. Doch sie sind sehr geizig, sobald es sich um ein Projekt der Kultur handelt. Sie begreifen einfach nicht, daß Kultur auch Reichtum bedeutet." Salma Khadra al-Jayyusi schweigt einen Augenblick. Dann

fügt sie hinzu: „Alles, was ich mir wünsche, ist eine großange-
legte, mächtige Bewegung, der es gelänge, die von den mittelal-
terlichen arabischen Diktaturen verdummten arabischen Völker wachzurütteln und ihnen Freiheit, Demokratie und
Achtung vor den Menschen zu bringen."

Fünf Stunden sind vergangen. Am Ende unseres Gesprächs
habe ich den Eindruck, in ihrem Gesicht dieses warme Licht
zu erkennen, das oft das Antlitz der Weisen erhellt in der
Abenddämmerung ihres Lebens. Sie fixiert mich mit ihren
sanften Augen und sagt: „Noch andere Fragen?"
    Was hält sie vom Frieden zwischen Israel und den Palästi-
nensern?
    „Wir haben viel gelitten", sagt sie, „aber wir konnten den
vielen Tragödien, die unsere Geschichte in diesem Jahrhundert
geprägt hat, am Ende doch widerstehen. Ich glaube, daß wir
den Frieden jetzt dringend brauchen. Dies ist der Moment –
jetzt oder nie –, in dem wir der ganzen Welt zeigen müssen,
daß wir kein Volk von Terroristen und Mördern sind und daß
wir es verdienen, frei und glücklich in unserem Land leben zu
können."

Die Prophetin der Revolution

Die syrische Schriftstellerin Ghada Samman

> Ich glaube, ich lebe in
> einem Haus der Poesie.
> Meine Kissen sind
> ausgestopft mit Märchen,
> Mythen und Legenden,
> meine Decken gewebt aus
> philosophischen
> Gedanken, und meine
> Revolte findet statt auf
> dem Schlachtfeld des
> Alphabets mit den
> Geschossen der Sprache.
> *Ghada Samman*

Als Ghada Samman im Herbst 1964 Damaskus verließ, um nach Beirut zu gehen, galt die Stadt als „Paris des Orients". Weit entfernt von den Schrecken und Greueln des Bürgerkriegs war Beirut in jenen Jahren Zentrum des intellektuellen und mondänen Lebens, Treffpunkt der Dichter und Künstler aus aller Welt. Viele arabische Intellektuelle waren vor der Despotie in ihren Heimatländern nach Beirut geflüchtet. In den unzähligen Cafés und literarischen Clubs traf man die besten Dichter und Denker der Zeit. Literarische Zeitschriften schossen wie Pilze aus dem Boden. Sie alle waren Foren eines ungewöhnlichen Aufbruchs und jenes freiheitlichen Atems der Stimmen des Wandels, die alle progressiven Kräfte der arabischen Welt um sich scharten. Man übersetzte Camus, Sartre, T.S. Elliot, Beckett, Louis Aragon, Henri Michaux, Walt Whitman und Rainer Maria Rilke. Man publizierte provokative

Ghada Samman

Bücher, die wegen ihrer Kritik an den politischen, gesellschaftlichen und religiösen Verhältnissen in keinem anderen arabischen Land gedruckt werden konnten. Kurz: Beirut
war in jenen Jahren eine Insel der Freiheit und der Kreativität, die kulturelle Metropole aller fortschrittlichen Araber –
ganz gleich, woher sie kamen und welcher Richtung sie ange-
hörten.

Ghada Samman war nach Beirut gekommen, um an der
Amerikanischen Universität Anglistik zu studieren. Die Zwanzigjährige hatte damals bereits zwei Novellenbände veröffentlicht. Schon der erste „Deine Augen sind mein Schicksal" löste
bei seinem Erscheinen im Jahre 1962 große Begeisterung bei
den Literaturkritikern ihres Landes aus. Sie waren tief beeindruckt von der Sprachgewalt und dem ungestümen Tonfall der
jungen Autorin, ihrer zornigen Auflehnung gegen die Heuchelei der orientalischen Welt. In ihren Novellen spiegeln sich die
ungebrochenen Träume der Adoleszenz. Ihre Protagonisten
sind Studenten in offener Revolte gegen Tabus und Repressionen – ein Schrei ins Gesicht der traditionalistisch-verstockten
syrischen Gesellschaft. Auch im zweiten Band „Kein Meer in
Beirut" (erschienen 1963) beschreibt Ghada Samman mit großer sprachlicher Kraft die Einsamkeit und Hoffnungslosigkeit
ihrer – meist weiblichen – Protagonisten in einer bösen, feind-
lichen Welt.

Nicht nur durch ihre Bücher, auch durch ihre provozierenden
Artikel in der Damaszener Presse hatte Ghada Samman,
Tochter einer gutbürgerlichen Familie, den Zorn der Ewig-
gestrigen in ihrem Lande erregt. Wie viele syrische Intellektuelle verließ auch sie – unterstützt von ihrem Vater – ihr
Land. Ghada, die sich leidenschaftlich für Musik und Literatur interessierte, hatte ihre Mutter sehr früh verloren. „Ich
kann mich nicht an sie erinnern. Doch irgend etwas von ihrer Liebe und Zärtlichkeit ist in mir geblieben. Sie war Dichterin. Wenn ich ihre Texte lese, fühle ich mich ihr sehr nahe.
Ich habe sogar den Eindruck, daß meine Sprache der ihren
sehr verwandt ist."

Ihr Vater, Dekan an der Universität von Damaskus und später erster Kultusminister Syriens, hatte nach dem Tod der Mutter die Erziehung der einzigen Tochter übernommen. „Mein Vater", sagt Ghada Samman, „war während meiner Kindheit mein bester Freund. Er ermutigte mich, den Koran und die Werke der klassischen arabischen Literatur zu lesen. Während der Abende, die er im Kreise seiner Universitätskollegen mit langen Diskussionen über historische, literarische und politische Probleme verbrachte, saß ich auf seinen Knien. Wir gingen gemeinsam an der Barda spazieren (dem Fluß, der durch Damaskus fließt, A. d. Ü.). Dort schloß ich Freundschaft mit den Bäumen, den Blumen, den Insekten, den Hühnern, Pferden und den Schmetterlingen. In einer kalten Winternacht weckten mich sehr merkwürdige Schreie aus dem Schlaf. Als ich aus dem Fenster schaute, sah ich einen Wolf. Ich blieb am Fenster stehen und schaute ihn lange an. Auch er schien mich anzublicken. In diesem Moment habe ich begriffen, daß ich immer so einsam sein würde wie er und daß mein Schrei wie seiner sein würde, lang und durchdringend in der dunklen Nacht der Wüste."

Später, in ihrem zweiten Roman, der unverkennbar autobiographische Züge trägt, bekennt die Protagonistin des „Alptraums in Beirut": „Ich bin immer alleine gewesen. Von Erdteil zu Erdteil, von Stadt zu Stadt bin ich vagabundiert. Kaum hatte ich mich irgendwo niedergelassen, war ich auch schon wieder unterwegs zu einem neuen Ort, ließ Wohnung, Arbeitsplatz, einen kleinen Kreis liebgewonnener Menschen, aber auch Feinde zurück. Ich habe immer ein Zigeunerleben geführt. Mein Haar war mein Kissen, und mein Körper war mein Koffer."

Schon früh hatte Ghada Französisch und Englisch gelernt, zwei Sprachen, die ihr ganz neue Horizonte eröffneten. Gegen den Willen des Vaters entschloß sie sich, Anglistik zu studieren. „Er wollte, daß ich Medizin studiere. Ich war sehr gut in den Naturwissenschaften. Doch ich hatte das Gefühl, daß meine Liebe zur Literatur stärker war als alles andere. Sie aufzugeben, wäre mir wie Selbstmord vorgekommen."

Die Revolte der Anglistikstudentin hatte schon in Damaskus angefangen: „Da ich mich in den Vorlesungen der Professoren langweilte, schrieb ich Artikel für die Universitätszeitung, die in ganz Bagdad Furore machten. Einer unserer Professoren spielte sich als pharisäischer Puritaner auf. Er schrieb uns vor, in seinen Vorlesungen lange Röcke und Kopftücher zu tragen. Das machte mich wütend. Ich war empört. Der Tag der mündlichen Prüfung war eine gute Gelegenheit, den scheinheiligen Heuchler zu bestrafen. Aus Angst durchzufallen, hatten alle meine Kommilitoninnen seine idiotischen Vorschriften befolgt. Ich kam als einzige ohne Kopftuch und außerdem mit einem sehr kurzen Rock. Trotzdem fiel ich nicht durch. Er hatte bestimmt Angst vor meinem Vater . . .“

Diese erste erfolgreiche Revolte hatte Ghada darin bestärkt, sich gegen alles aufzulehnen, was ihrer Überzeugung widersprach. Ihre Herausforderungen wurden immer unverfrorener. „Ich erinnere mich sehr gut an einen Geburtstag, zu dem ich eingeladen war. Es war im Haus eines Studienkollegen. Der Luxus, das Geschwätz und das Gelächter – alles war mir ein Greuel. Ich fühlte mich unglücklich und einsam. Als ich das Fest verließ, war mir klar, daß ich eines Tages wie eine Bombe explodieren würde, um diese verlogene, ungerechte und lasterhafte Welt zu entblößen.“

Es war eine politisch äußerst gespannte Zeit. In Syrien folgte ein Militärputsch auf den anderen. Die Presse wurde immer mehr stranguliert, die Meinungsfreiheit von Tag zu Tag weiter eingeschränkt. Die syrischen Intellektuellen fühlten sich nicht mehr sicher. Sie flohen nach Beirut oder nach Europa. Auch Ghada Samman wurde sich immer mehr bewußt, daß die Auflehnung, die in ihr kochte, bald mit allen Mitteln der Repression erstickt werden würde. Sie fürchtete, ihre literarischen Projekte in einer Gesellschaft, die von den Stiefeln putschender Generale niedergehalten wurde, nicht realisieren zu können. An einem milden Herbsttag bestieg auch sie ein Taxi in Richtung Beirut.

Vom ersten Tag an war Ghada Samman in diese Stadt verliebt. In das Meer, die Cafés, in ihren erregenden Lebensrhythmus und ihre wilden Nächte. Sie warf sich mit Leidenschaft in die vibrierende Atmosphäre der literarischen Salons, durchtanzte die Nächte in den berühmten Bars der „Al-Hamra" und der „Al-Rauscha", schrieb gleichzeitig an ihrer Doktorarbeit über das absurde Theater und publizierte Kurzgeschichten und Reportagen in den großen Zeitungen Beiruts. „Ich habe viel über politische Themen geschrieben, denn meiner Meinung nach kann sich ein kreativer Mensch nicht außerhalb des politischen Geschehens seines Landes oder der Welt ganz allgemein stellen. Ich schrieb nicht über die Luxuspaläste der politischen Elite, ihre Orgien und Liebesaffären. Ich schrieb über die Gefängnisse, die psychiatrischen Kliniken, die Fischer, die Menschen in den armen Dörfern ohne Elektrizität. Ich schrieb mit der Tinte der kleinen Leute, nicht mit dem Parfum der bürgerlichen Soireen."

Trotz ihrer Liebe zu Beirut beschloß Ghada Samman 1967, nachdem sie ihr Anglistikstudium abgeschlossen hatte, nach London zu gehen. „Es ging mir vor allem darum, meine literarische und künstlerische Vision zu vertiefen und freier, unabhängiger zu sein. Ich sehnte mich nach dem Nebel der grauen Städte des Nordens. Ich träumte davon, auf den trockenen Herbstblättern der Parks spazierenzugehen, mich in ein „Pub" an der Themse zu setzen, um ein Bier zu trinken und dabei Shakespeare und Virginia Woolf zu lesen, um Museen zu besuchen, oder eine Mozart-Symphonie zu hören in einer alten Kirche."

In London arbeitete Ghada Samman weiter als Korrespondentin einer großen Beiruter Zeitung, publizierte großartige Reportagen über ihre Reisen durch England und Europa. „Trotz allem habe ich immer versucht, meinen Verpflichtungen meinem Land gegenüber nachzukommen und mich ganz bewußt nicht auf eine Pseudoverbindung mit Europa einzulassen." So kehrte Ghada Samman immer wieder nach Damaskus zurück, um dort Vorlesungen an der Universität zu halten.

Der Herbst 1967 kündigte sich schmerzhaft und schwierig für sie an. In London erreichte sie die Nachricht vom Tod ihres Vaters. Sie stand noch unter dem Schock dieses Verlustes, als man ihr mitteilte, daß sie aufgrund eines neuen – vom Militärregime verabschiedeten – Gesetzes in Damaskus zu drei Monaten Gefängnis verurteilt worden war, weil sie Syrien ohne behördliche Erlaubnis verlassen hatte. Noch tiefer verletzte sie die Nachricht, daß sie ihre Arbeit als Korrespondentin verloren hatte. „Es war die schwerste Zeit, die ich bis dahin in meinem Leben durchgemacht hatte. Mein Land, manche meiner Familienangehörigen, der Herausgeber der Zeitung, für die ich gearbeitet hatte – sie alle wollten sich an mir rächen, weil ich mir herausgenommen hatte, als freie, unabhängige Frau zu leben. Doch ich wich vor ihren Drohungen keinen Schritt zurück. Und letzten Endes habe ich die Schlacht gewonnen."

In diesem Jahr der großen Katastrophen hatte Ghada Samman ihre dritte Kurzgeschichtensammlung veröffentlicht: „Die Nacht der Fremden". Auch in diesen Texten verarbeitete sie wie in den vorangegangenen Erzählungen ihre eigenen Erfahrungen. Es sind Geschichten über Studenten, die in Europa leben – im Spannungsfeld zwischen der westlichen und der orientalischen Gesellschaft. Mit der Sonde ihrer klaren Sprache analysiert Ghada Samman die Schwierigkeiten und Widersprüche, in die sich ihre Protagonisten verwickeln. Ein bekannter libanesischer Literaturkritiker schrieb über „Die Nacht der Fremden": „Ghada Samman führt uns hinab in die Tiefe der Seele, dorthin, wo es nichts als Nebel und Asche gibt, Widersprüche und Zusammenstöße. Sie beschränkt sich nicht darauf, zu revoltieren. Sie treibt uns selbst in die Revolte. ‚Denn' – so läßt sie eine ihrer Figuren sagen: ‚Der Künstler hat die Aufgabe, Mißstände aufzudecken und den Umsturz anzustacheln. Er ist der Funke der Revolution und ihr Prophet.'

Die katastrophale Niederlage der arabischen Armeen gegenüber Israel im Jahre 1967 bedeutete eine Zäsur in der zeitgenössischen arabischen Literatur – eine tiefe Wunde, die auch das Schaffen Ghada Sammans veränderte. Ihr 1973 erschienener vierter Novellenband „Abschied von den alten Häfen" ist ein einziger Schmerzensschrei. Die Erniedrigung der Männer in diesem Krieg stärkte indes das Selbstbewußtsein der ihrerseits erniedrigten Frauen. Ghada Sammans Kampf um die Befreiung der Frau nimmt schärfere Konturen und eine neue Dimension an: Ihr Kampf gilt nun der Unterdrückung in jeder Form, ihr Zorn der ganzen rückständigen arabischen Gesellschaft: ihrer Korruption, ihrer Verlogenheit und ihrer Ignoranz. Ohne eine radikale Revolution in allen Bereichen der Politik, der Wirtschaft, der Gesellschaft, der Kultur und der Religion kann es ihrer Meinung nach keine Befreiung der Frau geben. Und ohne eine sexuelle Revolution kann es auch keine Revolution der Gesellschaft geben.

Kaum einer ihrer Schriftstellerkollegen hat es in jener Zeit gewagt, in ähnlich offener und direkter Sprache über Liebe und Sexualität zu schreiben – in einer Sprache, die selbst europäische Leser verblüfft und ihr massive Angriffe aus den Kreisen des konservativen Lagers einbrachte. Woher nahm sie den Mut? „Mein Glaube ist die Liebe, und das Leben ist meine Religion."

Ende 1974 hatte Ghada Samman ihre erste große Prosaarbeit abgeschlossen: „Beirut 75", ein Roman, der unter dem Titel „Mit dem Taxi nach Beirut" in deutscher Übersetzung erschienen ist. Dieser durch und durch düstere Roman ist eine makabre Vorahnung des Bürgerkrieges, der wenige Monate später ausbrach, eine Parabel auf die Unmenschlichkeit und Gewalt, die das Land erschüttern sollten. „Ich sehe große Trauer voraus. Ich sehe Blut, viel Blut", verkündete die Seherin Faiza. Dann schluchzte und zitterte Faiza, als spiele sich vor ihren Augen ein Massaker ab."

Hat sie tatsächlich eine Vorahnung zu „Beirut 75" inspiriert? „Ich habe am 9. Oktober 1974 angefangen, diesen Roman zu schreiben. Während der Arbeit dachte ich nicht an die Zukunft. Ich habe mich vielmehr in die Probleme der Gegenwart vertieft, die schon reif waren, um die Katastrophe des Bürgerkriegs heraufzubeschwören."

Die Tragödie des libanesischen Bürgerkriegs und seine Auswirkungen wurden zum Thema ihres zweiten Romans mit dem Titel „Alptraum in Beirut". Die Heldin des Romans, eine junge Schriftstellerin, das Alter ego der Autorin, ist in der brennenden Stadt gefangen. Eingeschlossen in ihrem Appartement erlebt sie die Grauen dieses mörderischen Krieges, der nicht nur die Stadt und das Land, sondern auch die Menschen – ihre Beziehungen untereinander und ihre Moral – zerstört. Beirut hat sich in einen Hexenkessel verwandelt. Es gleicht einem großen Leichenhaus. Die Schreie der Verwundeten und Sterbenden gehen unter im Feuer der Heckenschützen und im Lärm der Granaten.

Eine Granate hatte auch Ghada Sammans Haus in Beirut getroffen. Ein großer Teil ihrer Bibliothek war verbrannt. „Ich habe bittere Tränen vergossen. Ich habe die Dinge verloren, die mir am meisten bedeutet haben: Bücher, Briefe, wertvolle Dokumente, Photos. Nie hätte ich gedacht, daß Menschen so böse, so grausam sein könnten. Ich war krank vor Verzweiflung und beschloß, gemeinsam mit meinem Mann (sie hatte Ende der sechziger Jahre einen libanesischen Verleger geheiratet, A. d. Ü.), Beirut zu verlassen – die Stadt, die ich mehr als jede andere auf der Welt liebe – um endgültig in Paris zu leben."

In den langen Jahren ihres Pariser Exils beschäftigte sich Ghada Samman intensiv mit dem Leben der libanesischen Exilanten in Europa, um ihren Roman „Die Nacht des Milliardärs" zu schreiben – ein beißendes Pamphlet gegen diejenigen, „die aus ihrer Heimat Geld und aus ihrem Scheckbuch ihren Paß gemacht haben", wie es der syrische Kritiker Georges Tarabishi treffend formulierte. Es ist die Geschichte eines reichen Bourgeois, der während des Krieges aus seinem Land geflohen war, um sich in Genf niederzulassen. Seine Geldgier drängte ihn ins Waffengeschäft. Trotz der Milliarden, die er auf einer Schweizer Bank deponiert hat, lebt er in Einsamkeit und Angst. Sein Leben wird immer sinnloser und endet in einem Inferno.

Ghada Samman hat mehr als dreißig Bücher veröffentlicht: Kurzgeschichten, Novellen, Essays, Reportagen und Romane. Sie gehört heute – zusammen mit dem Nobelpreisträger Nagib

Mahfus und dem palästinensischen Dichter Mahmud Darwisch zu den bedeutendsten und meistgelesenen Autoren der arabischen Welt. Fast alle ihre Bücher wurden Bestseller und sind in zehn Sprachen übersetzt – nur zwei ihrer Romane ins Deutsche, „Alptraum in Beirut" (1988) und „Mit dem Taxi nach Beirut" (1990).

Sie wird von Literaturkritikern und Kollegen oft „Die neue Scheherezade des Orients" genannt. Gefällt ihr dieses Etikett? Sie sitzt auf dem Balkon ihres Appartements mit Blick auf den Eiffelturm und die Seine und sagt mit ihrer sanften Stimme: „Ich glaube, daß jede schreibende Frau in der arabischen Welt eine Scheherezade ist. In diesen schwierigen Zeiten, wo sie von blutrünstigen Fanatikern und Tyrannen wie König Shahriyar bedroht wird, ist sie es mehr denn je. Aber die Frage, die ich mir dauernd stelle, ist folgende: Können die Bücher, die von Frauen geschrieben wurden und immer noch geschrieben werden, dazu beitragen, die Tyrannen zu bändigen – so wie es die wundervollen Erzählungen Scheherezades taten?"

Ihr Appartement an der Seine hat eine orientalische Note. Sie macht uns einen „café turc", und ich frage sie nach Taslima Nasrin. Ein kurzes Schweigen, dann sagt sie: „Ich habe nichts von ihr gelesen und kann daher ihre literarische Qualität nicht beurteilen. Doch abgesehen davon halte ich sie für eine aufrichtige, couragierte Frau."

Wie ihre Beziehungen sind zu den in Paris lebenden Schriftstellerkollegen und Intellektuellen? – „Außer einem sehr, sehr kleinen Kreis von Freunden sehe ich niemanden. Ich meide auch den Kontakt zu den arabischen Intellektuellen – hier in Paris und anderswo."

Hat sie Angst vor dem Alter? Sie fixiert mich lange mit einem kühlen Blick und sagt: „Ich glaube, daß die Zeiten endgültig vorbei sind, in denen eine Frau über Vierzig sich vor dem Alter fürchtet. Was mich betrifft, ich habe ein ganz einfaches Rezept: die Arbeit, ein klarer Kopf, Gelassenheit, selbst in den schwierigen Momenten des Lebens und der Sport. Ich mache – alleine oder mit meinem Sohn – lange Radtouren durch den Bois de Bologne. Im Sommer schwimme ich viel. Und im

Winter, wenn Schnee liegt in Paris, laufe ich viele Stunden lang."

Ich lasse sie zurück auf ihrem Balkon. Dort träumt sie vielleicht vom Meer Beiruts, das sie seit vielen Jahren nicht mehr gesehen hat.

Die Träume eines muslimischen Mädchens

Die algerische Schriftstellerin Assia Djebar

In unserem Land
ist eine
schreibende Frau
heutzutage so viel wert
wie ihr in
Schießpulver
aufgewogenes
Körpergewicht.
Assia Djebar

Im Jahre 1957 tobte in Algerien der blutige Befreiungskrieg gegen die französische Kolonialmacht. Die französischen Intellektuellen – allen voran Jean-Paul Sartre – demonstrierten auf den Straßen von Paris für ein „unabhängiges, freies Algerien". Die in Frankreich lebenden Algerier wurden Tag für Tag durch strenge Polizeikontrollen und andere Schikanen verfolgt und gedemütigt. In dieser haßerfüllten Atmosphäre tauchte eine junge, 20jährige Algerierin in der literarischen Szene von Paris auf: Fatima Zohra Imalayene. Unter dem Pseudonym „Assia Djebar" hatte sie gerade bei Julliard ihren Roman „Der Durst" veröffentlicht – geschrieben in französischer Sprache. Der Erstling der literarischen Debütantin wurde, kaum erschienen, ein durchschlagender Erfolg. Journalisten und Photographen stürzten sich auf die junge Autorin und versuchten, das Geheimnis der Unbekannten zu lüften.
Ihre plötzliche Berühmtheit versetzte die Studentin der „Ecole Normale Supérieur" (sie war die erste Algerierin, die an dieser Eliteschule zugelassen wurde) in helle Panik. Wie würde ihre Familie auf die vielen erotischen Szenen dieses Romans reagie-

ren? Und schlimmer noch: Auf die Tatsache, daß sie schrieb, anstatt sich auf ihr Examen vorzubereiten? Sie zog sich also völlig zurück, hüllte sich in Schweigen. Heute, nachdem sie durch ihre Romane, Erzählungen, kritischen Essays, Filme, Theaterstücke und Übersetzungen zur bedeutendsten Gegenwartsautorin Nordafrikas – wenn nicht zur größten, vielseitigsten Künstlerin des Maghreb ganz allgemein – geworden ist, denkt sie an ihr Debüt eher amüsiert zurück:

„Mein erster Roman war eigentlich ein Zufallstreffer. Ich wollte mich nur ablenken. Es war schließlich Krieg. Mein 17jähriger Bruder war gerade als Widerstandskämpfer in Algerien verhaftet worden. Die algerischen Studenten hatten in Paris einen Streik organisiert, um gegen die französische Kolonialpolitik in unserem Lande zu protestieren. Aus Solidarität mit ihnen habe ich mich geweigert, mich zur Prüfung zu melden. Um mich nicht zu langweilen, vergrub ich mich in meinem Zimmer und schrieb in zwei Monaten einen Roman."

Erstaunlicherweise hatte dieser erste Roman keinerlei Beziehung zu dem Kampf um Freiheit, den das algerische Volk damals führte. Es war ganz einfach eine Liebesgeschichte mit tragisch verknoteter Handlung à la Racine. Nadia, die Heldin des Romans, spricht nicht von Krieg und Widerstand. Sie spricht von den schönen Körpern der Frauen am Strand, von frustrierten sexuellen Begierden, von Eifersucht und Rivalität. Sie träumt von romantischen Ausfahrten im Auto und Liebe in dem obsessiven Wunsch, sich aus den Fesseln einer Tradition zu befreien, die ihren Lebenshunger (um nicht zu sagen „Durst") unterdrückt.

Warum hat sie damals ein so unpolitisches Thema gewählt? Nein, nicht weil sie sich nicht für die Sache ihres Volkes interessiert habe. Aber Literatur bedeute doch nicht, eine Botschaft zu übermitteln; ein Roman gehe von der Sprache, dem Wort selbst aus. „Ich hielt den Krieg für wesentlich wichtiger als die Literatur", sagt Assia Djebar.

Während ihre algerischen Landsleute die junge Autorin als „schamlose Hure" beschimpften und die frivolen Capricen ihrer Heldinnen als das Geschwätz einer *petite bourgeoise*

Assia Djebar

abtaten, feierten die französischen Kritiker in ihr eine neue Françoise Sagan. Ein Vergleich, der Assia Djebar heute noch zum Lachen bringt. „Ich hatte mit Françoise Sagan überhaupt nichts gemein – genausowenig wie mit Nadia, der Protagonistin des Romans. Ich war ein schüchternes, verschlossenes Mädchen. Meine Beziehungen zu Menschen waren sehr eingeschränkt. Das einzige, was mich damals wirklich interessierte, war mein Studium erfolgreich abzuschließen. Das ist alles!"

Assia Djebar wurde 1936 in Cherchel, ungefähr hundert Kilometer westlich von Algier, in einer traditionellen kleinbürgerlichen Familie geboren. Als sie heranwuchs, wehte über Nordafrika – von Tunis bis nach Tanger – gerade ein erster Hauch von Freiheit und Fortschritt. Intellektuelle und Politiker plädierten für die Emanzipation der Frau. Sie war Anfang Zwanzig, als der marokkanische König Mohammed V. seine Tochter vor seinen verblüfften Ministern und Untertanen aufforderte, ihre Schleier abzulegen. Zur gleichen Zeit hatte der tunesische Staatspräsident Habib Bourgiba als erster Herrscher eines islamischen Landes die Polygamie abgeschafft und für die muslimische Welt geradezu revolutionäre Gesetze zugunsten der Frau erlassen. Der Vater Assias schickte seine Tochter zunächst in die Koranschule, später auf die „Ecole Française" – ein ungewöhnlich mutiger Schritt. Dieses einschneidende Erlebnis ihrer Kindheit hat Assia Djebar später in einem ihrer berühmtesten Romane „Fantasia" so beschrieben:

„Ein kleines arabisches Mädchen geht zum erstenmal in die Schule, an einem Herbstmorgen, an der Hand ihres Vaters. Er, den Fes auf dem Kopf, eine große, aufrechte Gestalt in einem Anzug nach europäischem Schnitt, trägt eine Schulmappe. Er ist Lehrer an der französischen Schule. Ein kleines arabisches Mädchen in einem Dorf im algerischen Sahel [. . .] Vom ersten Tag an, an dem ein kleines Mädchen ‚hinausgeht', um das Alphabet zu lernen, werfen sich die Nachbarn vielsagende Blicke zu und bemitleiden zehn oder fünfzehn Jahre im voraus den verwegenen Vater, den nachsichtigen Bruder. Das Unglück wird unabwendbar über sie hereinbrechen. Denn jedes junge, unberührte Mädchen, das schreiben gelernt hat, wird unweigerlich einmal ‚den‘ Brief schreiben. Für sie wird die Stunde kommen, in der die Liebe, die niedergeschrieben wird, gefährlicher ist als die eingesperrte Liebe.“

Sie war siebzehn, als die Stunde kam: „Durch einen Brief bin ich in eine Liebesgeschichte geraten. Ein Unbekannter hatte mir geschrieben. Der Vater, bebend vor stummem Zorn, hat den Brief vor mir zerrissen. Er hat ihn mich nicht lesen lassen; er hat ihn in den Papierkorb geworfen.“ Doch das junge Mädchen setzt den verbotenen Brief wieder zusammen. Der geheimnisvolle Briefschreiber – ein Junge, der sie bei der Abschlußfeier der Schule auf dem Podium gesehen hat – schlägt einen ‚freundschaftlichen‘ Briefwechsel vor. „In den folgenden Jahren bin ich in dieser Liebesgeschichte versunken, oder vielmehr im Verbot der Liebe. Diese jugendliche Herausforderung hat mich aus dem Ring befreit, den das Geraune unsichtbarer alter Frauen um mich herum und in mir gezogen hatte. Ich habe den Raum in mir gesprengt, einen Raum voller Schreie ohne Stimme, seit langer Zeit erstarrt in der Vorgeschichte der Liebe. Als die Worte gedeutet waren – die gleichen, die der entschleierte Körper entdeckt –, habe ich die Taue gekappt.“

Die erotische Selbstfindung der arabischen Frau wurde zu einem der Leitmotive der zukünftigen Schriftstellerin. Zwar war sie nach Paris gekommen, um dort Geschichte zu studieren, doch der Erfolg ihres ersten Romans lenkte sie in eine andere Richtung. 1958 schon erschien ihr zweiter Roman „Die Ungeduldigen“, die Geschichte einer jungen arabischen Studentin aus guter Familie, die ausbricht aus der erstickenden Atmosphäre einer Gesellschaft im Würgegriff erstarrter Traditionen, um ihrem Geliebten nach Paris zu folgen. Auch dieser Roman endet tragisch – mit dem Tod beider Protagonisten, beide Opfer männlicher Eifersucht.

Im selben Jahr, in dem „Die Ungeduldigen“ erschienen, heiratete Assia Djebar und ging mit ihrem Mann, der von der Polizei gesucht wurde, nach Tunis. Dort setzte sie ihr Studium der Geschichte fort, schrieb unter dem großen französischen

Orientalisten Louis Massignon eine Magisterarbeit über die Frauen der vorkolonialen Zeit. Sie setzte sich aktiv für die algerischen Flüchtlinge ein, vor allem die Frauen, und schrieb flammende Artikel für Frantz Fanon, der damals die revolutionäre Zeitschrift *Al-Mudschahid* herausgab. Aus dieser reichen Erfahrung filterte sie den Stoff ihres großen Romans „Die naiven Lerchen", der 15 Jahre später bei Julliard herauskam. Obwohl der Befreiungskrieg den äußeren Rahmen für die Handlung bildet, ist das Herzstück des Romans eine Herausforderung des patriarchalischen Lustmonopols durch die erwachende weibliche Sexualität. Anders als ihr Roman „Die Kinder der neuen Welt", der noch vom Feuer der revolutionären Hoffnung getragen ist, daß der Krieg zu einer gerechteren Gesellschaft, zu mehr Solidarität zwischen dem Geschlechtern führen würde, endet der Gesang der „Naiven Lerchen" mit dem resignierenden Satz: „Der Krieg, der zwischen den Völkern soeben zu Ende gegangen war, brach nun zwischen dem Ehepaar aus."

Bis 1962, als Algerien unabhängig wurde, lehrte Assia Djebar an der Universität von Rabat Nordafrikanische Geschichte und schrieb ihr erstes Theaterstück „Rote Morgendämmerung". 1965 kehrte sie nach Frankreich zurück. Dieses Mal waren die Schwierigkeiten größer als zuvor. Ihre Ehe lastete auf ihr und bremste ihre literarische Aktivität. Erst nach ihrer Scheidung konnte sie sich wieder mit Enthusiasmus in ihre kreative Arbeit stürzen. Es war vor allem der Film, der sie faszinierte. Mit „Die Feier der Frauen vom Berg Chenoua", den sie nach langen Recherchen unter den Frauen des Stammes ihrer Mutter 1977 gedreht hatte, löste sie einen Sturm der Entrüstung aus. Wieder einmal nahm man ihr übel, daß sie ihren eigenen Weg ging, ihre eigenen Themen suchte und sich nicht dem politischen Trend unterordnete:

„Es war die Zeit des sozialistischen Aufbruchs. Alle redeten von der Agrarrevolution Boumediennes. Die algerischen Intellektuellen waren fasziniert von der didaktischen Kunst, und die sogenannten engagierten Regisseure drehten Filme über Bäuerinnen, die in den sozialistischen Kommunen arbeiteten, oder Frauen in den staatlichen Fabriken. Ich sah die Dinge anders. Ich wollte vor allem die innere Welt der Frauen entdekken und sichtbar machen, ohne dabei die Grenzen der Intimität zu überschreiten. Durch das Zusammensein mit diesen Frauen wollte ich gleichzeitig die Schönheit und Spontaneität meiner Muttersprache wiederfinden. Und dann hatte ich noch ein anderes Ziel. Der Islam verbietet ja jegliche bildliche Darstellung – sei es in der Malerei oder in der Skulptur. Ich wollte also dem Visuellen, dem Bild wieder seine eigentliche Bedeutung zurückgeben. Das schien mir die wichtigste Aufgabe eines Filmemachers zu sein in einem Land wie dem unseren. Nachdem der Film gezeigt worden war, wurde ich von vielen Intellektuellen – vor allem männlichen – attackiert. Sie sprachen von kleinbürgerlichem Feminismus und stellten mich als entwurzelte Spießerin hin. Doch das hat mein Vertrauen in meine Arbeit nur noch bestärkt."

Der Film wurde 1979 auf der Biennale von Venedig mit dem „Internationalen Preis der Kritik" ausgezeichnet. Damals beschloß Assia Djebar, ihre Heimat endgültig zu verlassen: „Ich hatte eine Vorahnung von der Gefahr, in der sich Algerien heute befindet. Algier war eine Stadt der Männer geworden. Es war schwer für mich als Frau, allein in einem Café einen Tee zu trinken oder mich frei auf der Straße zu bewegen. Die Blicke der Männer wurden immer aggressiver, immer unverschämter, immer würdeloser. Also ging ich weg."

Finanzielle Schwierigkeiten zwangen Assia Djebar, die Filmarbeit aufzugeben. Aber die Beschäftigung mit dem Medium Film hatte auch ihrem literarischen Schaffen eine neue Dimension gegeben, führte zu einer neuen Sicht von Zeit und Raum, die sie selbst „architektonisch" nennt. Sie war nicht mehr „Objekt" des Geschehens, noch betrachtendes Subjekt. Sie war der „Blick" selbst.

Die Erzählungen „Die Frauen in Algier" eröffneten diese neue Phase ihres Schreibens. Es sind „Marksteine einer Reise des Zuhörens, Fragmente von Unterhaltungen, ins Gedächtnis zurückgerufene Stimmen, Worte des verschleierten Körpers in einer Sprache, die ihrerseits so lange mit einem Schleier verhüllt war." Mit diesem Dialog zwischen Vergangenheit und Gegenwart wollte Assia Djebar „denjenigen Frauen Solidarität erweisen, die sich die Bewegungsfreiheit – Freiheit des Körpers und der Seele – erkämpft hatten"; daran erinnern, „daß jene, die eingekerkert werden, zwar körperlich Gefangene sind, aber eine Seele haben, die mehr denn je nach Freiheit strebt".

Mit den „Frauen von Algier" und „Fantasia" eroberte sich Assia Djebar endgültig ihren Platz in der arabischen Gegenwartsliteratur. Der Roman, in dem die Geschichte ihrer Kindheit eng mit der tragischen Geschichte ihres Landes verflochten ist, spiegelt auch den Versuch, ihren Konflikt mit der französischen Sprache auszutragen, einer Sprache, die zunächst die Sprache der Unterdrücker war, und in der sie heute ein Instrument der Selbstbefreiung sieht.

„Eine algerische Frau, die es unternimmt zu schreiben, läuft zunächst einmal Gefahr, aus der Gesellschaft ausgestoßen zu werden. Es gibt heute mehr als zehn algerische Schriftstellerinnen, die in französischer Sprache schreiben. Durch das Französische befreien sie sich, befreien sie ihren Körper und legen ihren Schleier ab. In dieser Sprache können sie sich als tätige Frauen behaupten, ohne das Risiko der Aussperrung. Die arabische Gesellschaft will, daß sie schweigen. Irgendwann wird alles, was geschrieben wird, zur Provokation."

„Fantasia" war der erste Band einer geplanten Tetralogie, deren zweiter Band „Der Schatten der Sultanin" sich mit der legendären Figur Scheherezades beschäftigt. Unter dem Eindruck der fundamentalistischen Bedrohung in ihrem Land hat Assia Djebar diese Arbeit unterbrochen und schrieb „Fern von Medina" – eine Geschichte der Frauen aus der Frühzeit des Islam. Denn die „islamische Geschichte wurde hauptsächlich von Männern überliefert. Ich wollte sie am Beispiel verschiedener Frauengestalten erzählen, wobei ich mich strikt an die historischen Ereignisse gehalten habe, so, wie sie von den Geschichtsschreibern der klassischen Epoche, vor allem von Tabari, beschrieben worden sind. Ich wollte ein neues Licht auf die Schattenzonen werfen, auf das, was – absichtlich oder unabsichtlich – weggelassen worden war."

Wir sitzen uns im Salon ihres Appartements gegenüber. An den Wänden hängen Bilder algerischer Maler. Eines fällt mir besonders auf: eine Algerierin in traditionellem Kostüm, traumverloren vor einer blauen Pforte. Assia Djebar reicht mir einen Orangensaft und sagt: „Meine Familie soll angeblich aus Andalusien stammen. Das Dorf, in dem ich geboren bin, ist übrigens den andalusischen Dörfern sehr ähnlich. Die Farben dieses Bildes erinnern mich an mein Dorf, an meine Kindheit."

Auf dem Weg zu ihr hatte ich im Radio gehört, daß in der Universität von Algier eine Bombe explodiert sei und es viele Tote gegeben habe. Was empfindet sie angesichts des Terrors und der Gewalt in ihrem Land? „Was heute in Algerien geschieht, überrascht mich in keiner Weise. Ich habe die Katastrophe schon lange vorausgeahnt, vor allem seitdem ich sah, wie die politisch Verantwortlichen die Reichtümer des Landes verschwendeten und ausplünderten." Im vergangenen Frühjahr wurde der Bruder ihres früheren Ehemanns, Abdelkader Alloula, ein berühmter Regisseur, in seinem Auto ermordet. Er war auf dem Weg nach Oran zur Premiere eines neuen Theaterstücks. Die Erinnerung an dieses Drama wirft einen tiefen Schatten auf ihr Gesicht: „Es sind ja nicht nur die Intellektuellen, die ständig Gefahr laufen, getötet zu werden. Viele andere Unschuldige erleiden das gleiche Schicksal: Frauen, Kinder, Studentinnen und Studenten, Soldaten, Polizisten. Es ist ein entsetzlicher Krieg, voller Haß, der keinen verschont!"

Assia Djebar blickt auf den Baum vor ihrem Fenster und sagt nach kurzem Zögern: „Ich weiß nicht. Alles, was ich sagen kann, ist, daß ich mich angesichts dessen, was in meinem Lande geschieht, ohnmächtig fühle. Ich kann mich nur durch die Flucht in die Phantasie, in die Literatur von diesem Schmerz befreien."

Eine dichtende Prinzessin im Parlament

Die kuwaitische Schriftstellerin Suad as-Sabah

Im 18. Jahrhundert hatte die Familie as-Sabah, die damals in der weiten Wüste des heutigen Saudi-Arabien lebte, ihre angestammte Heimat auf der Flucht vor einer großen Hungerkatastrophe und vor den ständigen kriegerischen Auseinandersetzungen zwischen den verschiedenen arabischen Stämmen mit unbekanntem Ziel verlassen. Nach einer langen und beschwerlichen Reise, auf der sie unzähligen tödlichen Gefahren ausgesetzt war, kam sie endlich im Gebiet des heutigen Kuwait an. Obwohl das Land dürr und trocken war und es keine natürlichen Ressourcen in jener Gegend gab, ließ der Familienclan sich dort nieder. Zwei Jahrhunderte später wurde unter dem Wüstenboden Öl entdeckt und der Clan der as-Sabah wurde über Nacht zu einer der reichsten und mächtigsten Familien nicht nur der Golfregion, sondern der ganzen Welt. Als das kleine Land am Persischen Golf 1962 seine Unabhängigkeit erlangte, übernahmen die as-Sabah auch die politische Macht im Lande. Der mittlerweile zur „Dynastie" aufgestiegenen Sippe der as-Sabah entstammt auch die Dichterin Prinzessin Suad as-Sabah.

Es war im Jahre 1942. Europa stand in Flammen. Ein Mitglied der Familie as-Sabah schiffte sich in Begleitung seiner Frau, die im achten Monat schwanger war, Richtung Genf ein in der Absicht, dort für einige Zeit zu bleiben. Man mietete ein Haus in der Nähe des Genfer Sees. Einen Monat später kam ein Mädchen zur Welt. Die Eltern gaben ihr den Namen Suad, was auf Arabisch „Glück" bedeutet. Ein Name, der an die berühmte Dichterin der vorislamischen Zeit erinnert, die in ihren Versen die Schönheit besang und damit „den schönsten Mond des Sommers eifersüchtig machte."

Suad as-Sabah

Der Schweizer Aufenthalt der Familie zog sich über viele Jahre hin. Suad as-Sabah erinnerte sich später noch an die hohen, grünen Bäume, die das Haus umgaben, an den grauen Himmel, der ihr Angst machte, an den Genfer See in den sommerlichen Vollmondnächten, an die blonden Männer, die ihrem Vater ganz unähnlich waren, an Frauen mit blauen, grünen und grauen Augen, die ihr auf der Straße zulächelten. „Ich wußte damals natürlich nicht, was das Wort ‚Heimat‘ bedeutet. Aber trotzdem hatte ich das Gefühl, daß mir etwas fehlte. Als wir nach Kuwait zurückgekehrt waren, verschwand dieses Gefühl. Ich liebte die Wüste, vor allem, wenn die Sonne auf- oder unterging. Bis heute ist dies ein großes Erlebnis für mich geblieben."

Das Haus, in dem Suad as-Sabah aufwuchs, glich einem arabischen Palast mit riesigen Gärten und unzähligen Dienern und Dienerinnen. Die kleine Prinzessin hatte alles, was ihr Herz begehrte. Sie hörte begeistert den Geschichten zu, die ihr die schwarzen Dienerinnen erzählten und liebte die Märchen von Andersen und Kamil al-Kilani, einem Ägypter. Später wurde Lesen für sie zu einer wahren Leidenschaft. „Mein Vater hatte eine große Bibliothek mit seltenen Manuskripten, die er in Kairo, in Basra und in Istanbul erworben hatte. Er las auch regelmäßig die Zeitschrift *Ar-Risala,* eine berühmte literarische Revue, die in der ersten Hälfte unseres Jahrhunderts eine bedeutende Rolle bei der Modernisierung der arabischen Sprache und Literatur gespielt hatte. „Er war es, der mich immer anhielt, die dort veröffentlichten Artikel und Essays zu lesen wie auch die vielen Bücher über Geschichte, die er zusammengetragen hatte. Meine Mutter bewunderte den großen libanesischen Schriftsteller Jorgi Zaidan, der eine Reihe von Romanen geschrieben hatte, die ihren Stoff und ihre Themen aus der Frühgeschichte des Islam bezogen. Auch auf mich hat dieser Autor großen Eindruck gemacht, und ich habe alle seine Romane verschlungen. Nachdem ich mich zu einer eifrigen Leseratte entwickelt hatte, waren meine Eltern sehr stolz auf mich."

Während ihrer Jugendjahre entdeckte Suad ihre Liebe zur Musik. Sie zog sich abends in ihr Zimmer zurück und hörte stundenlang die Lieder der großen ägyptischen Sängerin Umm Khalsum, der berühmten Libanesin Fairuz und der irakischen Chansonette Nazim Al-Ghazali. Später war es vor allem die klassische Musik – Beethoven, Mozart, Vivaldi und Bach. „Meine Liebe zur Musik kannte keine Grenzen. Die Chansons von Umm Khalsum erweckten in mir ganz merkwürdige Gefühle, die mich manchmal zum Weinen brachten. Fairuz gab mir das Gefühl zu fliegen – ganz hoch in einem blauen Himmel. Und Nazim Al-Ghazali hatte in ihrer Stimme etwas von der Traurigkeit der kuwaitischen Fischer, wenn sie am Abend singend mit ihren Booten aufs Meer hinausfahren. Die klassische europäische Musik hat mich so sehr begeistert, daß ich beschloß, Klavierunterricht zu nehmen. Während einer Reise nach London hatte mein Vater mir einen Flügel gekauft. Wir waren die erste Familie Kuwaits, die ein solches Instrument besaß!"

Auch die Lektüre der jungen Prinzessin wurde mit den Jahren immer differenzierter. Es waren vor allem die romantischen arabischen Dichter wie Ilya Abu Madi und Gibran Khalil Gibran, die Romane von Nagib Mahfus, die Essays Taha Husseins und die Erzählungen von Yahya Haqqi sowie auch die Werke europäischer Dichter und Schriftsteller – vor allem Shakespeare, T.S. Eliot, Baudelaire und Edgar Allan Poe. Doch der wichtigste Dichter war für sie der Syrer Nizar Qabbani – der „Dichter der Frauen", wie man ihn in der arabischen Welt nennt. „Damals waren die Gedichtbände Nizar Qabbanis in Kuwait und in allen Golfländern verboten. Ein Freund hatte mir die Gedichte Qabbanis aus Beirut mitgebracht. Vom ersten Augenblick an war ich von diesem Dichter fasziniert. Er ist bis heute der einzige geblieben, der mich wirklich beeinflußt hat. Seine einfache, brillante Sprache, seine Bilder, seine Auflehnung gegen verstaubte Traditionen, sein Einsatz für die Emanzipation der Frau und sein heiliger Zorn auf die arabischen Regime – dies alles erschien mir großartig. Zum ersten Mal entdeckte ich einen Dichter, der freimütig und wahrhaftig über die arabische Wirklichkeit, über das Elend der von ihren Regierungen betrogenen und verratenen arabischen Völker, von den psychischen und physischen Leiden der Frauen in der islamischen Welt sprach. Nachdem ich Nizar Qabbani gelesen hatte, empfand ich das dringende Bedürfnis, selbst zu schreiben. Ich kann also sagen, daß meine ersten Gedichte unter seinem Einfluß entstanden sind. Damals war ich 15 oder 16 Jahre alt!"

Im gleichen Alter hatte Suad as-Sabah einen ihrer Cousins, Scheich Abdullah Mubarak as-Sabah, geheiratet, der wesentlich älter war als sie. „Seitdem ich zehn war, hatte meine Mutter immer zu mir gesagt, ‚mein liebes Kind, ich hoffe, daß Allah dir das Glück bescheren möge, deinen Cousin Mubarak zu heiraten'. Eine fixe Idee, die ich seither mit mir herumtrug. Dann starb meine Mutter. Kurze Zeit nach diesem schmerzlichen Ereignis erlaubte mir mein Vater, an den Versammlungen der *Diwaniya* teilzunehmen – einer Art Salon, zu dem nur die angesehensten Persönlichkeiten Zugang hatten, um über Politik, Literatur, Geschichte oder kulturelle Themen zu diskutieren. Die Tatsache, daß mich mein Vater in dieses erlauchte Gremium mitnahm, war in unserem Land eine außergewöhnliche, unerhörte Sache. Bei diesen Zusammenkünften begegnete ich auch meinem Cousin Mubarak, und wir diskutierten miteinander über alle möglichen Themen. Er gefiel mir sehr und ich fand ihn sehr offen und sehr modern in seinen Ansichten. Als mein Vater mir mitteilte, Mubarak habe um meine Hand angehalten, weinte ich vor Freude!"

Nach ihrer Heirat ließ sich Prinzessin Suad mit ihrem Mann in Beirut nieder. In ihrem Haus am Meer trafen sich jedes Wochenende die bedeutendsten Persönlichkeiten aus der politischen und kulturellen Szene des Landes: „Anfang der sechziger Jahre, also zu der Zeit, als wir gerade im Libanon ankamen, war Beirut in jeder Beziehung eine außergewöhnliche Stadt. Vor allem aber im Bereich der Kultur. Alle arabischen Intellektuellen, die vor der Repression oder der Zensur in ihrem Lande geflohen waren, fanden Zuflucht in dieser Stadt. In Beirut erschienen die meisten literarischen und künstlerischen Zeitschriften. Aus diesem Grund hatte mein Mann, der sich sehr für Kultur interessierte, beschlossen, nach Beirut zu ziehen. Er war auch in seinen politischen Anschauungen sehr progressiv und träumte von einer prosperierenden, einigen und demokratischen arabischen Welt. Ich lernte dadurch in unserem Hause Persönlichkeiten der unterschiedlichsten politischen und kulturellen Strömungen kennen. Ich nahm an allen Zusammenkünften und allen Diskussionen teil. Ich kann wirklich sagen, daß ich damals sehr glücklich war. Und ich glaube, mein Mann war es auch!"

Als großer Bewunderer Abdel Nassers beschloß Scheich Abdullah Mubarak as-Sabah, Beirut zu verlassen, um mit seiner Frau und seinem einjährigen Sohn nach Kairo zu übersiedeln. „Ich hatte nochmals Glück. Denn Kairo war damals eine Stadt voll sprühenden Lebens, ein Zentrum des politischen und kulturellen Aufbruchs. Nasser wollte Kairo zur Hauptstadt der Dritten Welt und der blockfreien Länder machen. Viele politische Persönlichkeiten aus Afrika, aus Asien und den arabischen Ländern zog es in die Metropole am Nil. An der Universität von Kairo nahm ich mit großer Begeisterung an den verschiedenen Aktivitäten der Arabischen Studentenvereinigung (Union d'Etudiants Arabs) teil. Nasser lud uns häufig in seine Privatresidenz ein. Er hatte große Sympathien für meinen Mann und betrachtete ihn als ‚Avantgarde der Golfländer‘. Stets war er uns mit großer Herzlichkeit und Offenheit begegnet. Am Tag seines Todes haben wir beide, mein Mann und ich, um ihn geweint."

Die Niederlage von 1967 war für Scheich Abdullah Mubarak as-Sabah und seine Frau ein schwerer Schlag. Zutiefst betroffen verließ die Familie Kairo, um sich in London niederzulassen. Dort kauften die as-Sabahs ein schönes Haus in einem vornehmen Viertel und reisten viele Jahre lang durch die ganze Welt – nach Amerika, nach Asien und in die meisten europäischen Länder: „Ich habe von diesen Reisen ungemein viel profitiert. Sie haben viele Ideen und Gedanken in mir, die bis dahin nur sehr vage gewesen waren, geklärt und gefestigt. Zum Beispiel: als ich in Kuwait und dann in Beirut und in Kairo lebte, kam mir der Westen in jeder Beziehung uniform und zusammengehörig vor. Erst nachdem ich Länder wie England,

Frankreich, die Schweiz, Spanien, Italien, die Vereinigten Staaten und Kanada kennengelernt hatte, wurde mir klar, daß der Westen sehr vielfältig, sehr unterschiedlich ist. Da gibt es den imperialistischen, kolonialistischen, arroganten, egoistischen und militanten Westen, aber da ist auch der humanistische Westen, der die Freiheit der Völker und ihr Recht auf Selbstbestimmung verteidigt und sich mit den unterdrückten Gruppen und Nationen solidarisiert. Was mich im Westen am meisten beeindruckt hat, ist die Demokratie, die Freiheit, die Achtung der Menschenrechte und der Meinungsfreiheit. Leider gibt es dies alles in der arabischen Welt nicht."

1978 schrieb sich Prinzessin Suad as-Sabah an der Universität London ein, wo sie 1981 zum Doktor der Wirtschaftswissenschaft promovierte. Ihre Dissertation behandelte die Rolle der Frau im wirtschaftlichen Entwicklungsprozeß Kuwaits: „Ich hatte dieses Thema gewählt, weil ich in England und in vielen europäischen Ländern festgestellt hatte, daß die Menschen, gleich welchen Bildungsstandes, keine Vorstellung – oder eine völlig falsche – von der Frau in den Golfländern haben. Sie glaubten, diese Frauen seien alle eingesperrt in ihren Häusern, man verböte ihnen zu arbeiten oder in die Schule zu gehen, sie würden geschlagen und gedemütigt und so weiter. Doch das ist alles ganz falsch. Die Frau ist heute in Kuwait und in den übrigen Golfländern überall anzutreffen: in den Fabriken, an den Universitäten, in wissenschaftlichen Laboratorien und selbst in der Armee. Es gibt Malerinnen, Dichterinnen, Universitätsprofessorinnen, Ärztinnen, Rechtsanwältinnen, Forscherinnen, Schauspielerinnen und Sängerinnen. In den Golfländern haben sich in den letzten dreißig Jahren gewaltige Veränderungen vollzogen, von denen die Frauen profitiert haben."

Während des langen Krieges zwischen Iran und dem Irak stand Prinzessin Suad bedingungslos auf der Seite des Irak. Sie schrieb mehrere Gedichte, in denen sie den Heroismus der „ruhmreichen irakischen Armee" glorifizierte. Mehrmals wurde sie von Saddam Hussein empfangen. Als Saddam Hussein seine Armee 1990 in Kuwait einmarschieren ließ, wurde die Prinzessin von den Kuwaitern und von einigen Mitgliedern des

Herrscherhauses scharf kritisiert. Eine englische Journalistin verdächtigte sie sogar, mit dem irakischen Diktator eine „Affäre" gehabt zu haben. „Ich war nicht die einzige, die während des Krieges mit Iran den Irak unterstützte. Neunzig Prozent der Kuwaitis nahmen die gleiche Position ein wie ich. Die Regierung selbst hatte Saddam Hussein und seiner Armee beträchtliche Summen für militärische Ausrüstung zur Verfügung gestellt. Im übrigen war es völlig normal und ein Gebot der Logik, den Irak zu unterstützen. Es war schließlich Khomeini, der alle Länder des Golfes bedrohte. Die Revolutionsgardisten seiner „islamischen Republik" stifteten Unruhe und Gewalt in allen Ländern – selbst in der heiligen Stadt Mekka. Er selbst sowie auch seine Minister hatten immer wieder erklärt, die Regime der Golfländer müßten verschwinden. Damals konnte sich niemand vorstellen, daß Saddam Hussein eines so scheußlichen Verbrechens fähig sein und ein kleines Land und ein Volk überfallen könnte, das ihn immer unterstützt hatte. Selbst die Amerikaner waren auf seinen Angriff nicht vorbereitet. Nach der brutalen Invasion meines Landes habe ich mit mehreren Journalisten und politischen Persönlichkeiten Kontakt aufgenommen und sie um ihre Unterstützung gebeten. Ich stellte mich unserer Botschaft in London zur Verfügung. Außerdem gab ich eine Zeitschrift in französischer und englischer Sprache heraus, um die Menschen über die Verbrechen der irakischen Armee zu informieren. Ich veröffentlichte einen Band mit Prosa-Gedichten unter dem Titel „Gestatten Sie, daß ich mein Land liebe". Ich reiste nach Amerika, nach Syrien, nach Ägypten und nach Saudi-Arabien, um an Demonstrationen gegen die Invasion teilzunehmen. Mein ältester Sohn war unter den ersten kuwaitischen Soldaten, die nach der Niederlage der irakischen Armee in Kuwait-City einmarschierten. Was das Gerücht über meine amouröse Beziehung zu Saddam Hussein betrifft, so kann ich darüber nur lachen, und ich habe nicht die mindeste Absicht, auch nur ein Wort darüber zu verlieren."

1994 starb Scheich Abdullah as-Sabah nach langer Krankheit. Seine Frau, Prinzessin Suad as-Sabah, trug viele Monate

lang Trauer: „Mein Mann war in jeder Beziehung ein außerge-
wöhnlicher Mensch. Er hat mich immer unterstützt und ermutigt. Wenn ich angegriffen wurde, stellte er sich stets auf
meine Seite. Immer wieder sagte er mir, nur die Frauen könnten das Gesicht des Orients verändern und ihn verjüngen. Er
hat mich niemals überwacht – weder meine Worte, noch meine
Taten. Ich war an seiner Seite wirklich eine glückliche, unabhängige Frau. Männer wie ihn findet man selten in der arabischen Welt."

Inzwischen lebt Prinzessin Suad as-Sabah zwischen Kuwait-
City und London. Ihre Aktivitäten sind äußerst vielfältig. Als
Dichterin und Schriftstellerin hat sie sechs Lyrikbände und
zahlreiche Essays veröffentlicht. In den letzten Jahren gründete sie einen eigenen Verlag: „Es war mein Ziel, jungen Autoren
– Männern wie Frauen – bei der Veröffentlichung ihrer Werke
zu helfen. Alle arabischen Regime sind kulturfeindlich und sagen guten Büchern und freiheitlich gesinnten Intellektuellen
den Kampf an. Viele von ihnen sind daher zum Schweigen
oder zum Exil verurteilt. Mein Verlag steht allen literarischen
und künstlerischen Strömungen und allen kritischen und freien
Stimmen in der arabischen Welt offen. Für mich zählt nur die
Qualität. Der Rest hat keine Bedeutung!"
    Denjenigen, die sie immer wieder angreifen und ihr vorwer-
fen, sie würde sich die Intellektuellen „kaufen", antwortet
Suad as-Sabah: „Angesichts solcher Attacken bleibe ich immer
ganz ruhig. Ein arabisches Sprichwort sagt: ‚Die Hunde bellen,
aber die Karawane zieht weiter!' Im übrigen, wofür sonst soll
ich denn nach Meinung dieser respektablen Herren mein Geld
ausgeben? Etwa in den Spielcasinos der Côte d'Azur, wie es
die meisten reichen Leute wohl tun?"
    Neben ihrer literarischen Tätigkeit ist Prinzessin Suad as-
Sabah politisch tätig als Abgeordnete des kuwaitischen Parla-
ments: „Ich bin stolz und zufrieden, daß das parlamentarische
Leben in Kuwait nach der Befreiung im Jahre 1991 wieder aufgenommen wurde. Parlamentsabgeordnete zu sein bedeutet für
mich eine Ehre. Auf diese Weise fühle ich mich meinem Volk,

seinen Problemen und Sorgen, seinen Wünschen und Hoffnungen nahe. Mehr noch: ich bin sehr zufrieden, daß es in meinem Land verschiedene geistige Strömungen und unterschiedliche Tendenzen gibt, die sich bekämpfen. Das kann nur gut für das Volk sein und trägt hoffentlich zu einer besseren Zukunft kommender Generationen bei."

Die Tochter der Wüste

Die tunesische Schriftstellerin Fadhila Chabbi

Ich schlendere gerade über die Place Saint-André-des-Arts, als
sie plötzlich aus dem Schacht der Metrostation Saint-Michel
auftaucht. Sie hat ein bißchen zugenommen, aber ihr schwarz
glänzendes, gelocktes Haar, ihr energischer, durchdringender
Blick und der volle, sinnliche Mund lassen keinen Zweifel.
Ohne zu zögern rufe ich ganz laut: „Fadhila!" Sie dreht sich
um mit suchendem Blick. Als sie mich vor sich stehen sieht,
weicht sie ein wenig zurück und wirft mir einen mißtrauischen
Blick zu. Ich lächle sie an. Sie bleibt einen Moment unent-
schlossen stehen, dann erkennt sie mich. „So eine Überra-
schung!" sagt sie und strahlt über das ganze Gesicht. Wir gehen zusammen in ein kleines Café, bestellen uns einen *café au
lait* und ein *croissant*.

Fadhila Chabbi unterrichtet an einem Gymnasium in Tunis.
Nur für ein paar Tage ist sie in Paris. „Ein kleiner Abste-
cher, um etwas durchzuatmen. In Tunis bin ich den ganzen
Tag zu Hause eingesperrt und gehe kaum aus." Zehn Jahre
lang haben wir uns nicht gesehen. Doch bald entdecken
wir mit Erstaunen, daß jeder von uns trotzdem ganz genau
über das Leben und die Aktivitäten des anderen Bescheid
weiß. Und schon sind wir mitten in der gemeinsamen Vergangenheit.

Wir hatten uns Ende der sechziger Jahre in Tunis kennengelernt. Tunesien erlebte damals einen fulminanten Aufschwung
in allen Bereichen der Kultur – vor allem dank einer kleinen
Gruppe von Schriftstellern und Dichtern, die aus allen Teilen
des Landes zusammengekommen waren. In kurzer Zeit war es
diesen jungen Talenten gelungen, sich in der kulturellen Szene

Fadhila Chabbi

Tunesiens durchzusetzen. Ihre Texte fanden ein großes Echo bei der jungen, revolutionären Generation, die sich gegen die traditionalistische islamisch-moralisierende Kultur auflehnte. Fadhila Chabbi gehörte zu den vielversprechenden Stimmen dieser tunesischen Avantgarde. Trotz ihrer schüchternen Zurückhaltung hatte sie aktiven Anteil an der Erneuerung der tunesischen Literatur jener Zeit. Ihre Gedichte, geladen von Zorn und Revolte gegen alle gesellschaftlichen Tabus, explodierten wie Bomben. Ich erinnere mich an eine Dichterlesung, bei der Fadhila von einer Gruppe konservativer Intellektueller heftig angegriffen wurde. Einer von ihnen beschimpfte sie sogar als „Nutte". Doch sie blieb ganz ruhig, mit einem höhnischen Lächeln auf den Lippen – wie Scheherezade vor ihrem Tyrannen.

Fadhila Chabbi wurde 1946 in Tozeur geboren – einer Oasenstadt nahe der großen Wüste im Südwesten Tunesiens. Sie gehört einer vornehmen Familie an, aus der berühmte Dichter, Rechtsgelehrte und heilige Männer hervorgegangen sind. Einer ihrer Cousins war Abul-Qâsim Chabbi, der als größter tunesischer Dichter gilt und von seinen Bewunderern der „tunesische Rimbaud" genannt wurde.

Fadhila Chabbi verbrachte eine beschützte Kindheit in ihrer Heimatstadt. Als romantische Träumerin, die sie schon in ihrer Kindheit war, liebte sie es, alleine weite Spaziergänge in der Oase von Tozeur zu unternehmen. Abends saß das junge Mädchen am liebsten auf der Terrasse des großen Hauses, um den Mond und die Sterne zu betrachten. „Damals war Tozeur noch keine Touristenstadt. Vielleicht hatte ich deshalb immer das Gefühl, alles gehöre mir ganz allein: die Palmen, die Granatapfelbäume, die kleinen Flüßchen und selbst der Duft der Blumen und der weiten Wüste!"

Ein einschneidendes Ereignis fällt in diese Zeit. Es war Sommer, als Fadhila beim Spielen ins Wasser eines tiefen Brunnens fiel. Ihre Cousine konnte sie im letzten Moment vor dem Ertrinken retten. „Ich glaube, daß dieses Erlebnis mein ganzes Leben geprägt hat. Nur dadurch ist wohl auch die ständige Gegenwart des Themas Tod in meinen Gedichten zu erklären." Mit sechs Jahren kam Fadhila in die Schule. „Damals gab es – besonders in Tozeur – nur ganz wenige Familien, die ihren Töchtern erlaubten, die Schule zu besuchen. Ich hatte diese Chance, da mein Vater und die meisten meiner Onkel zu den ersten gehörten, die sich für die Emanzipation der Frau einsetzten."

Sie war zehn, als ihr Vater 1956 starb. Tunesien hatte gerade seine Unabhängigkeit errungen. Habib Bourgiba, der als Anführer der nationalen Bewegung das Ruder übernommen hatte, erließ Gesetze zugunsten der Emanzipation der Frau. Der *Guide suprème* – arabisch: al-mudschahid al-akbar, wie ihn die Tunesier bis heute nennen – schaffte 1958 als einziger Führer eines arabisch-islamischen Landes die Polygamie ab und führte die allgemeine Schulpflicht auch für Mädchen ein. Unter Bourgiba wurde den Frauen zum erstenmal das Recht auf Arbeit zugesprochen sowie die Möglichkeit der Scheidung, die bisher nur dem Manne – durch einfache Verstoßung – vorbehalten war. Fadhila Chabbi hat diese revolutionäre Veränderung – ein einmaliger Vorgang in einem arabisch-muslimischen Land – als heranwachsendes Mädchen hautnah miterlebt. Kurz nach der Unabhängigkeit hatte ihre Familie beschlossen, nach Tunis zu übersiedeln. „Vor unserer Abreise umarmte ich die weite Wüste mit einem langen Blick und brach in Tränen aus. Es war sehr schwer für mich, fast gleichzeitig meinen Vater und den Ort meiner Kindheit zu verlieren." In Tunis besuchte Fadhila ein Mädchengymnasium und wurde bald zur leidenschaftlichen Leserin. Zunächst las sie alles, was ihr in die Hände fiel. Doch mit der Zeit lernte sie auszuwählen: „Die Bücher waren meine engsten Gefährten und gleichzeitig meine großen Lehrmeister. In kurzer Zeit – ich war noch nicht einmal sechzehn – hatte ich die großen arabischen Klassiker gelesen. Doch der Koran war meine Lieblingslektüre. Er ist es bis heute geblieben!"

Je mehr sich ihr Körper entwickelte, desto weiter entfremdete sie sich von ihrer Familie und einer Gesellschaft, die immer noch in längst überholten Traditionen und Tabus gefangen war. Es wurde ihr bald klar, daß nur das Schreiben sie von ihren Ängsten befreien und ihr erlauben würde, die in ihrem Inneren rumorende Revolte auszudrücken. Sie war dreizehn, als sie ihr erstes Gedicht schrieb, an einem stillen Sommerabend. „Ich fing zu schreiben an, und ich schrieb weiter bis spät in die Nacht!" In dieser Zeit erlebte sie auch ihre erste Liebesgeschichte.

Als Studentin schloß sich Fadhila Chabbi vom ersten Moment an der avantgardistischen literarischen Bewegung an. „Nachdem ich bereits ziemlich viele romantische und sentimentale Gedichte geschrieben hatte, wurde mir klar, daß die wahre Poesie etwas völlig anderes ist. Und in diesem Prozeß spielte meine persönliche Revolte gegen die gesellschaftlichen Tabus eine ganz wichtige Rolle. Hinzu kam die Lektüre der europäischen Lyrik, vor allem der französischen: Baudelaire, Mallarmé und die Surrealisten Aragon, Eluard, Apollinaire."

1973 erschien ihr erster Lyrikband in Beirut – dem damaligen Zentrum der arabischen Avantgarde – mit dem Titel „Düfte der Erde und des Zorns". Die meisten Gedichte dieses Bandes waren Ausdruck flammender Rebellion; emotionale Eruptionen, in denen sich die sozialen und politischen Konflikte spiegelten, von denen die tunesische Gesellschaft nach der Unabhängigkeit erschüttert wurde. Selbst der Titel des Bandes verrät die Wut der jungen Lyrikerin und den heiligen Zorn, der sich gegen alles richtet: gegen das politische System, gegen die Familie, gegen die Heuchelei und die unendlich vielen Tabus, die mit ihrem ganzen Gewicht auf der tunesischen Gesellschaft lasteten.

Dann kamen die „bleiernen Jahre". Das Bourgiba-Regime unterdrückte die Studentenrevolte des Jahres 1972 mit aller Schärfe und versetzte der literarischen Avantgarde einen schweren Schlag: Alle ihre Veröffentlichungen wurden indiziert, ihre Aktivitäten streng kontrolliert. Zahlreiche progressive Intellektuelle wurden zu schweren Gefängnisstrafen verurteilt. Im Lande herrschte ein Klima der Angst und der Verdächtigungen. Fadhila Chabbi, die sich gerade mit einem ihrer Cousins verheiratet hatte – einem bekannten Linksintellektuellen –, beschloß, das Land zu verlassen: Beirut, Damaskus und Bagdad waren die ersten Stationen ihres Exils, das bis zu ihrer Scheidung Ende der siebziger Jahre andauerte. „Es war eine äußerst schwierige Zeit. Ich hatte das Gefühl, daß meine Kreativität vertrocknete und meine Mädchenträume einer nach dem anderen abfielen wie die Blätter im Herbst. Viele Jahre lang schrieb ich keine einzige Zeile, kurz: Ich war nicht mehr ich selbst!"

Warum ließ sie sich scheiden? „Darüber möchte ich nicht sprechen", sagt sie. „Alles, was ich dazu sagen kann, ist, daß die meisten arabischen Intellektuellen, die sich damit brüsten, fortschrittlich und revolutionär zu sein, in der Praxis schlimmer sind als jeder Reaktionär!"

Nachdem sie Anfang der achtziger Jahre – nach einem langen politischen, psychischen und intellektuellen Leidensweg – wieder nach Tunesien zurückgekehrt war, fand Fadhila endlich wieder zum Schreiben zurück. Ihr zweiter Gedichtband „Die Nächte der bleiernen Glocken", der 1984 erschien, wurde mit dem „Oullada-Preis" ausgezeichnet, der vom „Institut Hispano-Arab de Culture" in Madrid in Erinnerung an eine 1091 in Cordoba gestorbene andalusische Prinzessin und Dichterin verliehen wird. Der Band enthält siebzig Kurzgedichte, die zusammen das bilden, was die Dichterin ein „neues Gebäude (Gerüst) menschlicher Gefühle" nennt – eine neue Perspektive, aus der die vielen Facetten der Liebe mit der Stimme der Liebenden, die sich an ihren Geliebten wendet, leidenschaftlich besungen werden. Fadhila Chabbi sagt über diese Gedichte, sie seien ‚zerebral‘, weil in ihnen die Poesie „Musik, Tanz und Reflexion zugleich ist".

Der Grundton der „Nächte der bleiernen Glocken" klingt auch im dritten Gedichtband Fadhila Chabbis „Die geometrischen Gärten" an, der 1989 im Selbstverlag in Tunis erschien. „Eines Tages ging ich am Strand spazieren, als plötzlich die Frage, die Mittelpunkt dieses Gedichtbandes werden sollte, in meinem Bewußtsein aufbrach: Gibt es irgend etwas in der Welt, das außerhalb der geometrischen Ordnung steht? Ich wollte wissen, ob es in der Natur irgend etwas gibt, das sich der Darstellbarkeit entzieht, sie übersteigt. Selbst die Linguisten unserer Zeit haben geometrische Begriffe benutzt, um sich durch die Sprache artikulieren zu können und um die Sprache selbst sprechen zu lassen. Es wäre daher nicht verwunderlich, wenn der Dichter, der so intensiv die tiefen Schichten der Natur und damit die Wurzeln der Sprache erforscht und mit ihr experimentiert, wenn dieser Dichter auf die Formen stößt, die von der Polarität der Worte geprägt sind – nämlich ihrer Fähigkeit, zu agieren und zu reagieren, sich aufzulösen oder allein zu bleiben."

„Tigelles" ist der Titel ihres vierten Gedichtbandes (1991). Hier führt uns Fadhila Chabbi gleichzeitig in die konkrete Wüste und in ihre eigene innere Wüste. Im letzten Gedicht entwirft sie das Bild, vielmehr die Karikatur einer Frau: Da ist das autoritäre Mann-Weib, Partisanin männlicher Werte – auf der anderen Seite das schöne Weibchen, überzeugt von den „Reichtümern" ihrer unnachahmlichen Weiblichkeit. „Ich bin der Meinung, daß die Mittelmäßigkeit vieler Frauen daher kommt, daß sie einen inneren Feind mit sich herumschleppen. Das Mann-Weib spielt die Rolle des Mannes – anstatt sich ihre eigenen Räume zu erschließen, das weibliche Andere zu entdecken und ebenbürtig, aber unverwechselbar und anders zu sein. In diesem Punkt bin ich Feministin, und ein großer Teil meines Unbehagens rührt von der Erkenntnis her, daß die Frau nach wie vor von der Sprache des Mannes und von männlichem Verhalten konditioniert ist."

Ist sie wirklich Feministin? Ohne Zögern sagt sie: „Ich bin keine Feministin im militanten Sinne. Aber als Dichterin bin ich Teil dessen, was in den letzten dreißig Jahren in der westlichen Welt eine Tradition der weiblichen Artikulation geworden ist – nämlich des unermüdlichen Kampfes um Selbstbefreiung aus der engen Rolle, die die Gesellschaft der Frau zugewiesen hat."

1992 brachte Fadhila Chabbi ihren Roman „Das Debakel des Namens" heraus. Hauptthema dieses hermetischen Romans, in dem Prosa und Lyrik ineinanderfließen, ist der Tod.

Man kann sogar sagen, daß der Tod die Hauptfigur des Romans ist. Denn: „Benennen – einer Sache einen Namen geben" – *nommer,* sagt sie auf Französisch – bedeute, eine Reise anzutreten ins Innere des Todes, und Schreiben, sich so weit fortzubewegen, bis man den Punkt erreiche, an dem der Tod und das Schreiben zusammenträfen, wo man schreibend stürbe. In diesem Roman verläuft die Geschichte nicht linear. Kindheit, Jugend und Erwachsenenalter vermischen sich. Jedes Kapitel fließt in ein anderes über wie die verschiedenen Strömungen eines Flusses. Dort, wo die Strömungen aufeinandertreffen, kommt es zu Konfusion, Delirium und Wahnsinn. Der Roman kann gelesen werden als das Tagebuch einer Frau, die dem Wahnsinn nahe ist. Aber im Text ist der Wahnsinn jenseits der Einsamkeit angesiedelt. „In diesem Roman", schrieb ein Literaturkritiker, „ist die Frau – in ihrer Eigenschaft als Autorin, das heißt als Schöpferin neuer Realitäten – sich selbst genug: ein doppeltes weibliches Wesen, das als ‚Mitautorin' eine Zwillingsschwester erkennt inmitten einer Wirklichkeit, die zutiefst weiblich ist."

Obwohl Fadhila Chabbi heute als eine der bedeutendsten Lyrikerinnen Tunesiens gilt, ist sie Opfer eines Verlagswesens, das die talentiertesten Schriftsteller und Künstler ignoriert, weil sie sich nicht vom offiziellen Kulturbetrieb vereinnahmen lassen. Alle Bücher Fadhila Chabbis – mit Ausnahme des ersten – wurden von ihr selbst publiziert. „Ich schreibe trotzdem weiter, denn Schreiben ist für mich genauso wichtig wie das Atmen. Doch langsam verliere ich den Mut und die nötige Kraft, für die Veröffentlichung meiner Bücher zu kämpfen und den Überlebenskampf als Schriftstellerin alleine zu führen in einer patriarchalischen Gesellschaft, die sich weigert, Werke von Wert anzuerkennen, und sie einfach ignoriert."

Fadhila Chabbis lyrisches Werk fand internationale Anerkennung. In ihrem eigenen Land fühlt sie sich indessen vernachlässigt. „Ich habe mich von Anfang an geweigert, irgend jemanden zu imitieren. Ich wollte vor allem meinen eigenen Weg finden und einen eigenen Stil entwickeln. Die *hommes de lettres* in meinem Land können jedoch offensichtlich nicht akzeptieren, daß ich nicht nur ein dekoratives Element innerhalb der kulturellen Szene Tunesiens bin." Und sie fügt bitter hinzu: „Ich lebe praktisch völlig isoliert. Die Frau ist meiner Meinung nach in Tunesien und in der ganzen arabischen Welt immer noch Opfer tribalistischer und patriarchalischer Gesetze. Und mit dem Terror, der im Augenblick von den fundamentalistischen Bewegungen verbreitet wird, ist die Situation der Frau noch tragischer geworden." Mir fällt eines ihrer Gedichte ein:

„Ich komme aus der Hölle [. . .]/entkam den späten Katastrophen der Natur/die herabtropfen von meinen Gliedern./ Das vorsatanische Zeitalter kam mich zu ertränken/mich, ein vergängliches Licht./Ich steige hinab/in die Alpträume unserer Welt."

Sie schweigt einen Augenblick. Dann sagt sie: „Trotz allem bleibe ich Optimistin, denn ich bin ein Geschöpf der Wüste. Und dort habe ich gelernt, wie man sich den schlimmsten Herausforderungen und Prüfungen stellt!"

Eine nicht zu bändigende Frau

Die libanesische Schriftstellerin Hoda Barakat

> Die Frau ist das beste Thermometer
> für den Krankheitsgrad einer
> Gesellschaft.
> *Hoda Barakat*

Sie trägt einen schwarzen Rock und einen dunkelblauen Pullover. Ihre Haare sind kurz, und ihre Augen haben die Farbe des Meeres von Beirut. Sie raucht eine Gauloise nach der anderen. Lacht sehr laut, spricht ungeniert und spontan – ohne das geringste Mißtrauen. Nachdem ich sie lange betrachtet habe, ist mir klar, daß sie genau dem Bild entspricht, das ich mir von ihr gemacht habe, bevor ich sie kennenlernte. „Ich freue mich riesig, dich endlich zu treffen." – „Ich auch", sagt sie lachend.

Tatsächlich hatte ich mir schon seit Jahren gewünscht, Hoda Barakat persönlich zu begegnen. Besonders, nachdem ich ihren Roman „Der Stein des Lächelns" gelesen hatte, der 1990 erschienen war. Leider hatte sich nie eine Gelegenheit ergeben. Immer war sie mit irgendeiner Arbeit beschäftigt, und meine Besuche in Paris waren meist sehr kurz. Wir mußten uns daher damit begnügen, Briefe auszutauschen und hin und wieder miteinander zu telefonieren. Aber dieses Mal – es war im Oktober 1994 – hatte ich Glück. Sie machte eine Woche Pause. „Ein bißchen erkältet", sagte sie, „aber wir können uns trotzdem treffen". Und bevor sie einhängte, fügte sie noch hinzu: „Ich liebe es, in Paris herumzuschlendern – besonders bei Nacht!"

„Bis zum Morgengrauen?", fragte ich.

„Ja, bis zum Morgengrauen", sagte sie. Und genau das taten wir dann auch. Bis drei Uhr früh zogen wir durch das Quartier Marais, das sie – wie auch ich – besonders liebt. Sie führte mich in ein jüdisches Restaurant, wo man hervorragend ißt und wo wir ungestört reden konnten.

Hoda Barakat wurde 1950 in der Nähe von Beirut als Tochter einer mittelständischen christlichen Familie geboren. Ihr Vater, „ein schüchterner und bescheidener Mann", war ein kleiner Beamter, ihre Mutter dagegen eine „sehr starke Persönlichkeit", die sie jedoch nie als besitzergreifend empfand. In dem hübschen und geräumigen Haus in der Nähe der Dorfkirche wuchs die kleine Hoda auf – verwöhnt und vergöttert von ihren Eltern: „Bevor ich zur Welt kam, hatte meine Mutter ihr erstes Kind verloren – ein Mädchen, das mit sieben Monaten starb. Vielleicht aus Angst, auch mich zu verlieren, taten meine Mutter, mein Vater und alle meine übrigen Verwandten alles, um mich glücklich zu machen. Wenn ich heute die vielen, vielen Fotos betrachte, die sie von mir gemacht haben, kann ich mir vorstellen, wieviele Stunden sie alleine damit verbrachten, mich anzuschauen! Einige Jahre später – ich war noch nicht zehn – kamen nacheinander zwei weitere Mädchen und jedesmal war es ein ganz großes Fest."

Im Gegensatz zu den traditionellen Regeln, die bis heute in der arabischen Welt zwischen Mann und Frau gelten, hatte Hoda nie das Gefühl, daß ihre Mutter ihrem Vater oder anderen Mitgliedern der Familie gegenüber untergeordnet sei. „Ich hatte sie niemals unterwürfig erlebt, wie es die meisten orientalischen Frauen damals waren. Doch an einem schönen Apriltag, so erinnert sich Hoda, hat sie die Mutter schluchzend in einer Ecke des Hauses überrascht. „Ich war völlig verwirrt und das Herz zog sich mir zusammen. Es war, als wäre das ganze Glück meiner zwölf Jahre für immer dahin. Nach vielen ängstlichen Fragen antwortete meine Mutter in beschwörendem Ton, ich sei ihr mehr wert als zehn Jungen – aber trotzdem sei sie traurig darüber, bisher keinen Knaben geboren zu haben. Diese Antwort kam mir völlig unsinnig und widersprüchlich

Hoda Barakat

vor. Nachdem ich jedoch lange über unsere Gesellschaft nachgedacht hatte, wurde mir klar, daß in unserem Hause etwas fehlte: ein Schlüssel, ohne den es eines Tages womöglich für immer verschlossen bliebe. Glücklicherweise brachte meine Mutter einige Jahre später tatsächlich noch einen Jungen zur Welt, und damit hat sich ihr Kummer für immer verflüchtigt!"

Hoda, die mittlerweile die renommiertesten Schulen des Landes besuchte, wuchs in einem Klima der Freiheit und der Toleranz auf. Sie empfand ihren Körper, der von Jahr zu Jahr schöner und anziehender wurde, weder als „Schande", noch als „Herausforderung". Sie trug ihn im Sommer ungeniert am Strand zur Schau, ohne daß ihre Eltern sich darüber entrüsteten: „Das einzige, was mich damals interessierte, waren nicht die ‚sakrosankten' religiösen Tabus, sondern die Gesundheit. Ja, ich wollte schön und gesund sein. Das ist alles. Mit fünfzehn fing ich an, mit Jungen auszugehen, und oft gingen wir bis spät in die Nacht zum Tanzen. Niemand von meiner Familie hatte etwas dagegen oder hätte auch nur ein Wort der Kritik gesagt!"

Schon als junges Mädchen interessierte sich Hoda leidenschaftlich für die Literatur. Die französische Sprache, die sie in der Grundschule und später in der Oberstufe gelernt hatte, erleichterte ihr den Zugang zu immer neuen literarischen Entdeckungen: „Ich habe schon als kleines Mädchen viel gelesen. Aber erst mit fünfzehn habe ich mich – unabhängig von den Büchern, die auf dem Lehrplan standen – auf alles gestürzt, was mir in die Hände fiel. Und mit der Lektüre der Romane von Nagib Machfus, Albert Camus und Alberto Moravia erwachte sehr bald der Wunsch in mir, selbst Schriftstellerin zu werden."

Mit siebzehn Jahren ist Hoda eine attraktive junge Frau – stark und voller Energie wie ihre Mutter. Die jungen Männer laufen ihr in Scharen nach, schreiben ihr Liebesbriefe und Gedichte, reißen sich um sie bei Tanzveranstaltungen. Ihre Tanten bemalen ihr die Augen mit *Kol*, schenken ihr schwarze Spitzenunterwäsche und teure Parfums. „Eigentlich hätte ich glücklich sein müssen. Doch immer wieder überfiel mich eine tiefe Traurigkeit. Denn irgendwann wurde mir klar, daß ich eines Tages unser Haus, meine Eltern und Verwandten verlassen und einen anderen Namen tragen würde. Als Kind hatte ich immer gedacht, nur die Männer würden eines Tages die Familie verlassen und an einen anderen Ort ziehen. Später wurde mir jedoch klar, daß es vielmehr das Schicksal der Frau ist, ständigen Wechsel auf sich zu nehmen. Erst als ich zum Studium nach Beirut ging, hörten diese quälenden Gedanken allmählich auf."

Beirut, Anfang 1970. Die Wunden der demütigenden Niederlage, welche die Araber im Krieg gegen Israel im Juni 1967 erlitten hatten, waren noch nicht verheilt. Nachdem die palästinensische Widerstandsbewegung aus Jordanien vertrieben worden war, ließ sie sich mit ihrem ganzen Militärapparat im Libanon nieder. (Dies war einer der Hauptgründe, die später zum Ausbruch des libanesischen Bürgerkriegs führen sollten. A. d. Ü.) Die Universität Beirut war eine Bastion zahlreicher Bewegungen der marxistisch-nationalistischen Linken und die Keimzelle verschiedener revolutionärer Ideen. Die junge Studentin Hoda schloß sich sofort einer dieser marxistisch-maoistischen Bewegungen an. Mit leidenschaftlichem Engagement organisierte sie mit ihren Kommilitonen Demonstrationen zur Unterstützung der palästinensischen Revolution, ging auf die Straße für Kuba und Vietnam, verteilte Flugblätter in den volkstümlichen Vierteln Beiruts und sang die „Internationale". Ihr politisches Engagement wurde noch intensiver, nachdem der palästinensische Dichter Ghasan Kanafani im April 1972 vom israelischen Geheimdienst Mossad ermordet worden war. Die politische Aktivität füllte sie ganz aus: „Die Politik war damals wie das tägliche Brot. Ich las fast keine Romane mehr, sehr wenig Lyrik, jedoch ungeheure Mengen von Büchern und Broschüren mit marxistischer Tendenz. Im übrigen war ich nicht die einzige, die dies tat. Fast alle Studenten und Studentinnen waren damals leidenschaftliche Anhänger des Marxismus. Wir träumten von einer neuen, demokratischen Gesellschaft, und wir glaubten, daß wir nur durch unser politisches Engagement diesen Traum verwirklichen könnten. Aber Vorsicht: während der ganzen Zeit meines politischen Engagements bin ich immer die nicht zu bändigende Frau geblieben, das heißt, ich habe mich nie gescheut, laut meine Stimme zu erheben gegen den Dogmatismus oder die willkürlichen Methoden mancher Gruppen. Ich habe mich stets geweigert, mich irgendeinem Befehl unterzuordnen oder blind einer Sache nachzulaufen wie die Schafe des Panurg."

Zu Beginn des Jahres 1975 brach der libanesische Bürgerkrieg aus. Hoda, die gerade ihr Abschlußexamen in arabischer Literatur gemacht hatte, war völlig verstört. Wie vielen jungen Leuten ihrer Generation kam ihr der Konflikt, so wie er sich in ihren Augen darstellte, völlig unlogisch und absurd vor: „Unter dem Einfluß des Marxismus, an den ich damals fest glaubte, war ich der Meinung, daß es nur zwischen dem Proletariat und der Bourgeoisie, zwischen den Großgrundbesitzern und den kleinen Bauern jemals einen Konflikt oder Krieg geben könne. Also zwischen Reich und Arm. Doch vom ersten Augenblick an, an dem die Feindseligkeiten zwischen den kriegführenden Parteien ausgebrochen waren, fielen all die fixen Ideen, die wir im Kopf hatten, mit einem Mal zusammen. Es war nicht mehr die soziale Klasse, die – wie wir glaubten – ausschlaggebend für den Konflikt war, vielmehr die Stammeszugehörigkeit, der Clan, die Familie, die Religion!"

Der Bürgerkrieg weitete sich aus, erfaßte den ganzen Libanon – ein Land, das bis dahin als die „Schweiz der arabischen Welt" gegolten hatte. Es gab täglich Dutzende von Toten. Beirut, das einst eine herrliche Stadt – Symbol der Toleranz, der Freiheit und der friedlichen Koexistenz mehrerer Gemeinschaften unterschiedlicher ideologischer und politischer Strömungen – gewesen war, stand in Flammen. Von einem Tag zum anderen verließen die besten Köpfe das Land und flüchteten nach Europa oder Amerika. Wie um sich der Logik des Hasses, die der Bürgerkrieg zwischen den verschiedenen Gemeinschaften ausgelöst hatte, zu widersetzen, heiratete Hoda Barakat – in völligem Einverständnis mit ihrer Familie – einen jungen muslimischen Dichter, den sie während ihres Studiums kennengelernt hatte. Zur gleichen Zeit engagierte sie sich als Journalistin bei einer großen Tageszeitung Beiruts.

Der Bürgerkrieg zog sich endlos hin, aber Hoda, die mittlerweile ein Kind hatte, weigerte sich, das Land zu verlassen wie es die meisten Intellektuellen taten. „Ich bin geblieben, weil ich die Ursache dieses Hasses, dieses unfaßbaren Schreckens begreifen wollte. Ich wollte begreifen, warum unser kleines Land, das immer ruhig, friedlich und tolerant war, sich von einem Tag auf den anderen in ein riesiges Schlachtfeld verwandelt hatte. Und da mir klar wurde, daß die ideologischen und politischen Schriften und Bücher darauf keine Antwort geben konnten, flüchtete ich mich in die Literatur. Ich las damals sehr viel: Dostojewski, Tolstoi, Gogol, Faulkner, Genet, Céline, Thomas Mann, Simone de Beauvoir und viele andere. Der Bürgerkrieg war für mich also eine fruchtbare Periode der Lektüre."

Als sich der Krieg 1989 langsam seinem Ende näherte, ging Hoda Barakat zusammen mit ihren (inzwischen) zwei Kindern und ihrem Mann nach Paris. Die Familie ließ sich in einem kleinen Appartement im V. Bezirk nieder und Hoda schrieb an ihrem ersten Roman „Der Stein des Lächelns", der 1990 mit dem ersten Preis der Zeitschrift *An-Naqid* ausgezeichnet wurde.

„Schon während der langen Jahre, als der Krieg noch tobte, wollte ich einen Roman schreiben, aber ich war einfach nicht dazu in der Lage gewesen. Alle Versuche waren gescheitert. Als ich das Gefühl hatte, daß der Krieg seinem Ende zugeht, wollte ich weggehen, irgendwie die Tapete wechseln. Das war meine Rettung. Sobald ich in Paris war, empfand ich so eine Art von Geburtswehen. In fünf Monaten habe ich den Roman beendet!"

Im „Stein des Lächelns" erzählt Hoda Barakat von den Abscheulichkeiten des Bürgerkrieges und seinen Auswirkungen auf die Kriegsparteien – vor allem die christlichen und muslimischen – mit dem Humor Célins in seinem Roman „Reise ans Ende der Nacht". „In vielen Romanen über den Bürgerkrieg hat man den Eindruck, daß die Autoren durch ihre Protagonisten die ‚Logik des Krieges' legitimieren wollen. Mit anderen

Worten: sie wollen sagen, daß auf der einen Seite die Guten und auf der anderen die Bösen waren. Für mich war dieser Krieg ein Mittel, die Wirklichkeit zu entstellen. Er war ein Zeichen für das Auseinanderfallen einer Gesellschaft und den Verfall aller moralischen Werte und Formen. Und da dieser Krieg ein unbeschreibliches Desaster war, habe ich beschlossen, ihn zu ignorieren, ihn gleichsam zu einem blinden Punkt zu machen, von dem jedoch die ganze Handlung bestimmt ist."

1993 veröffentlichte Hoda Barakat, die mittlerweile bei „Radio Orient" arbeitete, nachdem sie sich sehr diskret und ohne Aufhebens von ihrem Mann getrennt hatte, ihren zweiten Roman „Die Liebenden". Dieses Mal werden die Greuel des Krieges gesehen mit den Augen eines Mannes, der wahnsinnig geworden ist. Ein Mann, der weint und lacht – genau wie Bengi in Faulkners Roman „The Sound and the Furie", ein Mann, der weder sich selbst noch die anderen trösten kann. Hoda Barakat gibt dazu folgenden Kommentar: „Der Held meines Romans ist verrückt geworden, weil der libanesische Bürgerkrieg – genauso wie alle anderen Kriege – ein mörderischer Wahnsinn war. Und niemand kann den Wahnsinn besser begreifen als ein Verrückter!"

Nach dem großen Erfolg dieses letzten Romans wurde Hoda Barakat fast über Nacht zu einer der bekanntesten arabischen Romanschriftstellerinnen der zweiten Hälfte unseres Jahrhunderts.

Es ist ein Uhr früh. Wir sitzen in einer Bar nicht weit vom Picasso Museum. Hoda ist immer noch in bester Form. „Hör zu, mein Lieber, die Ursache all der Desaster, welche die arabische Welt im Augenblick durchlebt, ist nicht nur der Autoritarismus der Regime und die Tatsache, daß es in den arabischen Ländern keine Demokratie gibt. Einer der Hauptgründe ist die Schwäche der Oppositionsbewegungen. Wenn du ihre Analysen und ihren Diskurs hörst oder liest, so begreifst du sofort, daß sie alle falsch und gekünstelt, voller Lügen und weit entfernt von der Realität sind – genauso verlogen also wie die Proklamationen der Regime, die sie angeblich bekämpfen!" Sie schweigt und zündet sich eine Zigarette an. Dann nippt sie an ihrem Glas und fügt hinzu: „Nehmen wir das Beispiel des Schleiers. Seit langem bekämpfen die arabischen Oppositionellen das ‚Phänomen Schleier‘. Und was ist dabei herausgekommen? Heutzutage nimmt die Zahl der Frauen, die den Schleier trägt, in den arabischen Ländern ständig zu. Selbst die Töchter der arabischen Emigranten in Europa wurden davon schon angesteckt. Das alles ist ein Beweis für die Unfähigkeit der Opposition in der arabischen Welt, dem offiziellen Diskurs entgegenzutreten.“

Eine kleine Pause, dann holt sie noch einmal aus: „Die verschleierten Frauen sind keine Ignorantinnen. Sie sind gebildet, haben an den besten Universitäten studiert und fühlen sich in keiner Weise aus dem gesellschaftlichen Leben ausgeschlossen, wie ihre ‚laizistischen Gegner‘ glauben. Sie sind nicht etwa Opfer, sondern der konkrete Beweis für das Versagen derjenigen, die vorgeben, für ihre Emanzipation und Entwicklung zu kämpfen. Den Schleier zu tragen bedeutet für sie, sich gegen jene heuchlerische Gesellschaft aufzulehnen, die ihnen von den angeblichen Vorkämpfern weiblicher Emanzipation als Modell angeboten und vorgelebt wird. Den Schleier zu tragen bedeutet auch, ‚sich zu verstecken‘, um damit die Lügen, die Heuchelei und die hohlen Phrasen dieser Leute zu denunzieren. Deshalb sage ich immer wieder, daß die Frau das beste Thermometer für den Krankheitsgrad einer Gesellschaft ist.“

Und das Schreiben, die Literatur? Sie denkt kurz nach, dann sagt sie: „Schreiben, um sich über eine Sache zu beklagen oder sie zu verteidigen war schon immer ein sinnloses Unterfangen. Schreiben ist ein viel komplexerer, viel stärkerer Akt. Aus diesem Grund habe ich mich immer geweigert, mich von den Ideen und Theorien der feministischen Bewegung beherrschen zu lassen. Und aus diesem Grund habe ich mich auch immer der Auffassung widersetzt, daß Schreiben für mich nur ein Mittel zur Verteidigung der Rechte der Frau sei. Ich will nicht, daß die Welt in zwei Hälften – in männlich und weiblich – geteilt ist. Für mich bedeutet die Literatur – *l'écriture* – entweder beides zusammen – oder überhaupt nichts!“

Schwierige Reise in die Freiheit

Die irakische Schriftstellerin Alya Mamdouh

Der Entschluß war seit Wochen gefaßt: Im Morgengrauen eines tristen Januartages – es war im Jahre 1964 – entschließt sich ein zierliches, aber forsches junges Mädchen, ihre Familie zu verlassen und zu ihrem Geliebten nach Beirut zu fliehen. Sie nimmt ihren kleinen Koffer, in den sie nur das Allernotwendigste gepackt hat, und schleicht wie eine Katze aus dem Haus. Bagdad scheint in dieser frostigen Winternacht wie ausgestorben. Hin und wieder huscht ein Schatten vorbei. Dann wieder tiefe, unheilvolle Stille. Die Wolken gleichen einer Prozession tiefverschleierter Frauen am Aschura-Tag, an dem die Schiiten der Passion des Prophetenenkels al-Hussain gedenken. Die Ausreißerin beschleunigt ihre Schritte. Ihr Herz schlägt wie wild. Am Busbahnhof löst sie hastig eine Fahrkarte – Bagdad–Beirut, einfach – und mischt sich unauffällig unter die Reisenden. Erst als der Bus sich langsam von Bagdad entfernt und sich der weiten Wüste nähert, atmet sie auf. Endlich ist sie frei! Niemand kann sie mehr zurückholen! Niemand! Am liebsten würde sie laut singen und tanzen. Doch sie lächelt nur dem kleinen Jungen zu, der ihr gegenüber auf dem Schoß seiner Mutter sitzt.

Als es jedoch langsam Tag wird über der endlosen Wüste, verfliegt ihre Freude und weicht der Angst. Ist die Gefahr wirklich vorbei? Hat sie sich vielleicht verraten, durch irgendeine Geste, einen Blick, ein unbedachtes Wort? Könnte es sein, daß jemand aus der Familie ihr folgt und sie erwischt, bevor sie die Grenze überschritten hat? Vielleicht ihr Bruder? Doch der ist noch zu jung. Er traut sich ja nicht einmal aus dem Viertel heraus. Die Großmutter? Kaum möglich. Sie war in letzter Zeit ein wenig kränklich. Am Ende ihre Tante, die

Alya Mamdouh

Witwe ist und ihr dauernd nachspionierte? Ihr Herz zieht sich zusammen,. Ja, die Tante. Gut möglich, daß sie – aufgestachelt durch die strenge Großmutter – ihr gefolgt ist, um ihren Plan zu vereiteln.

Die Zoll- und Polizeikontrollen an der irakisch-jordanischen Grenze ziehen sich endlos hin. Erschöpft vom ewigen Warten hocken die Reisenden am Straßenrand. Die Kinder fangen zu plärren an. Ein paar vermummte Frauen in schwarzer *dschellaba* erbrechen sich. Die Ausreißerin wird nervös. Am liebsten würde sie über den Schlagbaum springen, würde sie dem kahlköpfigen Polizisten, der die Pässe studiert wie ein Gesetzbuch und dabei seinen Tee schlürft, das hochnäsige Gesicht zerkratzen, am liebsten würde sie . . . da taucht, wie ein Geist, plötzlich vor ihr ein bekanntes Gesicht auf. Wahrhaftig, die Tante! *Ya Allah!*

„Wie kannst du es wagen, uns diese Schande anzutun“, zetert sie und bricht in Tränen aus. „Du machst uns zum Gespött des ganzen Viertels . . . ganz Bagdads . . . zur Schande des ganzen Irak . . . Wäre dein Vater noch am Leben, er würde dich umbringen. Er würde sämtliche Kugeln seines Revolvers in deinen verdorbenen Kopf jagen! Welch eine Schande!“ Die Ausreißerin beschließt, aufs Ganze zu gehen, schiebt die Tante zur Seite, weg von den neugierigen Blicken der Mitreisenden, und sagt mit fester Stimme: „Hör zu, ich werde keinen Schritt zurück tun! Und wenn du mich in Stücke reißt! Wenn du wirklich einen Skandal verhindern willst, so komm mit mir!“ Als sie begreift, daß der Versuch, die Widerspenstige auf den „rechten Weg“ zurückzuführen, vergeblich ist, gibt die Verfolgerin auf. Eine Stunde später fährt das aufmüpfige junge Mädchen weiter in Richtung Beirut – begleitet von seiner verwitweten Tante.

Das junge Mädchen von damals ist Alya Mamdouh, eine der bedeutendsten Schriftstellerinnen des Irak. Sie wurde 1946 in Bagdad geboren, in einer Familie, die weder reich noch arm war. Der Vater war Polizist – autoritär, cholerisch und aggressiv. Er war ein schöner Mann – sehr groß, mit stolzen Gesichtszügen und silbergrauem Haar, immer verrückt nach

Frauen. Seine vierte Frau war achtzehn, als er bereits die vierzig überschritten hatte. Es machte ihm großes Vergnügen, seine Frauen zu malträtieren und zu erniedrigen. Alya erinnert sich noch an den schauerlichen Tag, an dem er ihre Mutter verstoßen hat, nachdem sie an Tuberkulose erkrankt war: „Er schrie wie eine Bestie und drohte, das Haus anzuzünden, falls meine Mutter nicht endlich abhauen würde, zurück nach Hause, zu ihrer Familie im syrischen Aleppo. Meine Großmutter versuchte, ihn zu beruhigen. Meine Mutter warf sich weinend vor ihm auf die Knie und flehte ihn an, er möge sie doch nicht von ihrer kleinen Tochter und ihrem kleinen Sohn trennen. Doch er blieb unerbittlich.“ Die Mutter kehrte nach Aleppo zurück. (Alya und ihr jüngerer Bruder blieben bei der Familie des Vaters, wie es in der islamischen Welt üblich ist.) Schon während der Reise spuckte sie Blut. Ein paar Jahre später starb sie, ohne daß sie sich von ihren Kindern hätte verabschieden können.

Alya war schon als Kind mutig und unverfroren. „Mein Vater war ein schöner Mann. Auch meine Mutter und mein kleiner Bruder waren schön. Ich war die einzige in der Familie, die häßlich war. Das war vielleicht der Grund, weshalb ich mich von Anfang an behaupten wollte. Ich stritt mich mit den Jungen auf der Straße und warf mit Steinen nach denen, die versuchten, mich zu beleidigen. Ich spielte den Erwachsenen ständig üble Streiche. Es machte mir Spaß, die strengen Regeln der Familie zu durchbrechen, mich den Befehlen der Großen zu widersetzen. Als ich zehn war, erwischte mich mein Vater dabei, wie ich von unserer Terrasse aus zu einem hübschen Jungen hinüberschaute. Er bedrohte mich mit dem Revolver. ‚Ich zerfetze dir den Kopf, wenn ich dich noch einmal erwische‘, schrie er. Mein Bruder machte bei solchen Drohungen in die Hose, doch bei mir hatten sie keine Wirkung. Ich gab meine Spielchen nicht auf und erfand immer wieder neue.“

Wenn der Vater nicht zu Hause war, übernahm die Großmutter – sie war noch tyrannischer als er – mit doppelter Strenge das Kommando. „Sie verbot mir, das Haus zu verlassen oder auf die Terrasse des Hauses zu gehen. Sie kontrollierte und überwachte alles bis ins kleinste Detail. Sie hat mich bestimmt geliebt. Aber ich bekam diese Liebe nur selten zu spüren. Ich hatte sogar das Gefühl, daß sie mich mit ihrer Herrschsucht noch mehr unterdrückte als mein Vater."

Alya war der Schrecken der Familie und des ganzen Viertels. „Ich war ein Störenfried", sagt sie, „ich stellte unangenehme Fragen. Die Männer hielten mich für gefährlich, für subversiv, weil ich nicht daran dachte, ihnen zu gehorchen. Die Frauen verachteten mich, weil ich das zu tun wagte, was ihnen verboten war. Die Mütter hielten ihre Töchter von mir fern. Und meine Großmutter hörte nicht auf, mir immer wieder einzuhämmern, ich sei eine Schande für die Familie. Kurz: Ich war das schwarze Schaf. Doch das machte mir nichts aus. Im Gegenteil. Es amüsierte mich und gab mir noch mehr Selbstvertrauen."

Um dieser erdrückenden Umwelt zu entfliehen, suchte Alya Zuflucht bei den Büchern, in der Lektüre – noch ehe sie zwölf Jahre alt war. Sie verschlang alles, was sie im Hause fand: den Koran, Geschichtsbücher, Märchen, Tausendundeinenacht, arabische und ausländische Romane. Die Fünfzehnjährige war bereits vertraut mit Schriftstellern wie Gibran Khalil Gibran, Nagib Machfus, Dostojewski, Gogol, Maupassant, Balzac, Flaubert und vielen anderen. „Mein Vater hatte trotz seiner vielen Fehler ein Verdienst: Er hatte eine sehr große Bibliothek mit vielen Werken der Geschichtsschreibung und der Literatur. Er war selbst ein leidenschaftlicher Leser. Davon habe ich profitiert. Ich schloß mich mit Vergnügen in meinem Zimmer ein, um mit den Büchern weit, sehr weit wegzureisen. Ich hatte das Gefühl, daß die Lektüre mich reinigte, mich freier machte, mir Flügel gab!"

Mit sechzehn Jahren veröffentlichte Alya Mamdouh ihre erste Novelle unter dem Pseudonym Alya Ramzi. Sie zeigte sie ihrem Vater und sagte: „Lies das einmal. Ich glaube, dieses Mädchen schreibt gut. Nachdem mein Vater die Novelle gelesen hatte, sagte er zu mir: ‚Du hast recht, das Mädchen schreibt sehr, sehr gut. Ich finde die Geschichte ausgezeichnet'. Er schwieg einen Moment. Dann herrschte er mich an: ‚Solltest du jemals auf die Idee kommen, wie dieses Mädchen zu schreiben, so bringe ich dich um!' Ich rannte in mein Zimmer, schloß mich dort ein und brach in schallendes Gelächter aus."

Kurze Zeit später starb Alyas Vater, kaum 50 Jahre alt. Sie habe sehr geweint am Tag, als er starb, sagt sie. „Aber im Grunde fühlte ich mich glücklich. Ein paar Monate nach seinem Tod konnte ich zudem meine Großmutter davon überzeugen, daß ich eine Arbeit suchen müsse, um meine Schulausbildung zu finanzieren. Das war natürlich nur ein Vorwand, um mich aus der erdrückenden familiären Atmosphäre zu befreien."

Alya Mamdouh fand eine Anstellung als Archivarin in einer Zeitung. Es dauerte nicht lange, und sie verliebte sich in den Herausgeber des Blattes: „Er war 22 Jahre älter als ich, verheiratet, und hatte zwei Kinder. Doch ich war wahnsinnig in ihn verliebt. Er war für mich der rettende Märchenprinz."

Die Liebesgeschichte zwischen der jungen Archivarin und ihrem vierzigjährigen Chef verbreitete sich rasch – weit über die Zeitung hinaus. Aus Furcht vor den unheilvollen Konsequenzen, die das Gerede nach sich ziehen könnte, beschlossen die Verliebten zu heiraten. Doch die gestrenge Großmutter Alyas wies den Heiratsantrag – ohne irgendeine Erklärung – kategorisch zurück. Kurz darauf mußte Alyas Geliebter Bagdad verlassen, um nach Beirut zu ziehen. Er war *Baathist*, Anhänger der sozialistischen „Wiedererweckungspartei", die bis zum Sturz der Monarchie im Irak verboten gewesen war. „Ich wußte es von Anfang an. Er sagte mir, die Partei habe ihn mit einer Mission in Beirut beauftragt. Er hatte Angst, denn damals – 1963 – war die Verfolgung der *Baathisten* an der Tagesordnung." – Wenige Wochen nach seiner Abreise folgte Alya Mamdouh ihrem Geliebten nach Beirut. Kurze Zeit später heirateten sie.

Doch die Träume Alyas sollten schon in den ersten Wochen der Ehe verfliegen. Ihr Ehemann erwies sich als noch despotischer als ihr Vater und ihre Großmutter. „Er akzeptierte nicht, daß ich den kleinsten Schritt tat ohne seine Zustimmung. Nicht einmal das Meer durfte ich betrachten ohne ihn. Ins

Kino gehen? Nur unter der Bedingung, daß er mich begleitete. Lesen? Gut. Aber auf keinen Fall die literarischen Cafés und Clubs besuchen, die damals Mittelpunkt des intellektuellen Aufbruchs in der arabischen Welt waren, der sogenannten *Nahda,* die bald auf alle übrigen arabischen Länder übergreifen sollte. Schreiben? Ja, aber nichts veröffentlichen – es war die Hölle!"

Die Beziehung zwischen der angehenden Schriftstellerin und ihrem Ehemann verschlechterte sich immer mehr. Dreimal hat sie versucht, sich das Leben zu nehmen. „Ich hatte ein Kind von ihm und hatte Angst, nach Bagdad zurückzukehren. Lieber wäre ich gestorben, als wieder in der erdrückenden Atmosphäre zu Hause zu leben."

Im Jahre 1968 hatten sich die *Baathisten* mit Gewalt an die Macht geputscht. Alya Mamdouh kehrte mit ihrem Mann nach Bagdad zurück. Fünf Jahre später verließ sie ihre Heimatstadt wieder – doch dieses Mal alleine. „In Bagdad hatte mein Mann eine pro-baathistische Zeitung gegründet. Ich arbeitete mit ihm zusammen. Er heiratete eine dritte Frau, dann eine vierte. Ich hatte das Gefühl, überflüssig zu sein. Ich wollte weg. Schließlich konnte ich ihn dazu überreden, mich als Korrespondentin nach Beirut zu schicken. In diesem Augenblick habe ich meine wirkliche Freiheit gefunden: jene Freiheit, nach der ich mich seit meiner Kindheit so sehr gesehnt hatte!"

In Beirut veröffentlichte Alya Mamdouh ihren ersten Novellenband. Er wurde von den meisten Literaturkritikern mit Begeisterung aufgenommen. Sie arbeitete gleichzeitig als Journalistin. Ihre Reportagen und Artikel machten sie im ganzen Land berühmt. 1982 trennte sich Alya endgültig von ihrem Mann und ging mit ihrem Sohn nach Marokko. Dort fand sie bald Zugang zu literarischen und künstlerischen Kreisen und schrieb ein zauberhaftes Buch über die marokkanischen Schriftsteller und Dichter. „Das Buch ist eine Liebeserklärung. Ich liebe dieses Land. Die marokkanischen Intellektuellen – gleich welcher politischen Richtung – haben sich mir gegenüber sehr solidarisch gezeigt. Ich habe dieses Buch als eine Hommage an sie und ihr Land geschrieben."

1985 erschien in Kairo ihr Roman „Die Naphthalinpillen" –
eine Reminiszens an ihre Kindheit in Bagdad. Mit diesem
Werk bewies sie ihre Meisterschaft in der Technik des modernen Romans. In einigen Passagen ist ihre Sprache sanft und
poetisch wie die Quellen einer Oase Bagdads. An anderen
Stellen ist sie nervös und stürmisch wie der Tigris in Zeiten
großer Überschwemmungen. Durch die Person Hodas – der
Protagonistin des Romans – übt sie eine erbarmungslose Kritik
an den Tabus und an der Heuchelei der irakischen Gesellschaft
der fünfziger und sechziger Jahre. 1990 verließ Alya Mamdouh
Marokko und ließ sich in Paris nieder. Für wie lange? Auf diese Frage antwortet sie mit einem bitteren Lächeln: „Vielleicht
bis ich alt werde!"

Sie empfängt mich in ihrem kleinen Appartement im XV. Pariser Arrondissement. Auf dem Tisch eine Flasche Saint-Emi-
lion. „Man hat mir gesagt, daß du diesen Wein gerne magst",
sagt sie und setzt sich mir gegenüber. „Ich übrigens auch!" Das
Bücherregal ist schön geordnet: Shakespeare, die großen Rus-
sen, Madame Bovary . . . Überall Kerzen in verschiedenen Farben. Das Photo ihres Sohnes, der in London als Ingenieur arbeitet, ein paar Pflanzen. Der Duft der orientalischen Küche.
„Ich schreibe gegen die Angst an, die in mir ist seit meiner
Kindheit. Meine Reise in die Freiheit war mühsam. Aber ich
bedaure sie nicht. Diejenigen, die an der Oberfläche des Lebens leben, schreiben nur über Banalitäten. Mein nächster
Roman, der Ende dieses Jahres in Beirut erscheinen wird, hat
mich überzeugt, daß mein Kampf um Freiheit weder vergeblich noch unnütz war."

Sie schweigt, nippt an ihrem Glas. Dann sagt sie mit ihrer
herben Stimme: „Ich kann es nicht leiden, wenn man mir von
Frauenliteratur spricht. Das einzige, was wichtig ist, das ist der
Text, die Sprache, in der man schreibt. Alles andere ist über-
flüssiges Geschwätz ohne Bedeutung." Das Telephon läutet.
Eine Freundin berichtet ihr von der neuerlichen Bedrohung
Kuwaits durch Saddam Hussein. Als das Gespräch beendet ist,
fixiert sie mich mit ihren großen braunen Augen und sagt: „Ich

spreche nicht gerne über das, was im Irak vor sich geht. Es macht mich nervös und krank. Verschone mich also damit, aus Erbarmen!"

Es schlägt Mitternacht. Sie begleitet mich zur Metrostation. „Ich weiß, daß die Männer Angst haben. Vor allem nachts!", sagt sie lachend. Ich steige in die Metro. Sie hebt die Hand und winkt. Ich wende mich ab. Eine große Traurigkeit schnürt mir das Herz zusammen. Eine Traurigkeit und das Gefühl, der Tunnel nähme kein Ende ...

Schreiben zwischen zwei Kulturen

Die tunesische Dichterin Amina Saïd

> Ich schreibe,
> eine flackernde Lampe
> auf der Rückseite der Nacht.
> Ich schreibe,
> um eine Stimme zu verleihen
> dem Staunen, der Erstarrung
> und der Angst.
> Ich schreibe,
> um Faszination und Zärtlichkeit,
> Zorn, Zweifel und Empörung
> in Worte zu meißeln.
> Ich schreibe,
> weil nichts das Schreiben
> unterdrücken kann.
> *Amina Saïd*

Es hatte mit einer romantischen Liebesgeschichte angefangen: Gegen Ende des Zweiten Weltkrieges fand ein junger tunesischer Gymnasiast in einer Zeitungsannonce die Adresse eines jungen Mädchens aus dem Südwesten Frankreichs, das mit einem Nordafrikaner ihres Alters korrespondieren wollte. Er schrieb ihr noch am selben Tag. Eine Woche später kam die Antwort. Der Briefwechsel zwischen den beiden wurde zu einer leidenschaftlichen Gewohnheit. Er sprach in seinen Briefen von der Schönheit der Sonne, der blühenden Gärten Karthagos, der zauberhaften maurischen Cafés des Künstlerviertels Sidi Bu Saïd, der goldenen Strände La Marsas und Hammamets. Sie klagte über ihre Einsamkeit, das schlechte Wetter, erzählte ihm von ihrem Wunsch, weit, sehr weit weg zu fliehen. Also lud er sie ein, nach Tunesien zu kommen. Zu Beginn der

Sommerferien bestieg sie das Schiff Marseille-Tunis. Er wartete auf sie am Hafen. Sie umarmten sich lange wie alte Freunde, verliebten sich ineinander, heirateten und bekamen 1953 eine Tochter: Amina.

Die kleine Amina verbrachte eine sonnige Jugend nahe dem Meer, wuchs auf mit vertrauten Tieren, Blumen und Büchern – sehr vielen Büchern. Zuhause sprach man Arabisch und Französisch. Man feierte Weihnachten, Neujahr und Ostern – aber auch den *Aïd al-kebir,* das islamische Opferfest, den *Aïd assaghir* am Ende des Fastenmonats Ramadan sowie den *Maulid,* den Geburtstag des Propheten Mohammed. So wuchs die junge Amina von Anfang an zwischen zwei Kulturen und zwei Sprachen auf. Für sie eine ganz normale Sache.

Schon mit 12 Jahren fing Amina an, Gedichte zu schreiben. Im ersten Jahr des „Enseignement Secondaire", der Mittelstufe, hatte sie eine ausgezeichnete Lehrerin für Französisch, die selbst eine Lyrikerin war. Eines Tages forderte sie ihre Schülerinnen auf, ein Gedicht zu schreiben. Einige davon wurden in der Schülerzeitung gedruckt, darunter eines, das Amina über das Meer geschrieben hatte. „Mit diesem Gedicht entdeckte ich mein Talent zu schreiben. Es eröffnete mir eine unendlich weite Perspektive. Ich hatte das Gefühl, neu geboren zu sein. Die Welt sah plötzlich ganz anders aus. Das erste, was ich begriff, war die Tatsache, daß die Poesie nicht das Alleinrecht der Dichter war, deren Gedichte wir Schülerinnen schüchtern und stockend auf dem Podium aufsagten. Was mich betrifft, so hatte ich große Schwierigkeiten, sie auswendig zu lernen. Von nun an schrieb ich ganze Hefte mit Gedichten voll. Bei meinem letzten Tunesienbesuch fand ich diese Hefte in einem alten Schrank wieder. Ich blätterte mit großem Vergnügen darin. Es waren sehr naive Gedichte. Doch einige waren wirklich gut . . ."

Mit sechzehn Jahren bestand Amina ihr Abitur. Sie ging zu ihrem Vater nach Paris, der kurze Zeit vorher dort zum Botschafter ernannt worden war. Es war nicht leicht für sie, sich dieser neuen Umgebung – dem ganz anderen Lebensstil,

Amina Saïd

dem Klima und dem Rhythmus dieser riesigen Stadt – anzupassen. Sie schrieb sich an der Sorbonne für Anglistik ein. Vor allem aber lernte sie bald, ein ganz eigenständiges Leben zu führen. „Ich hatte zuvor keine Ahnung von dem harten, entbehrungsreichen Leben, das die meisten arabisch-muslimischen Frauen zu führen gezwungen sind. Meine Eltern waren mir gegenüber sehr offen und tolerant. Trotzdem muß ich sagen, daß ich erst in Paris wirklich unabhängig geworden bin."

1978 kehrte Amina Saïd nach Tunesien zurück, um an der „Faculté des Lettres" in Tunis englische Literatur zu unterrichten. Doch schon ein Jahr später entschloß sie sich, endgültig in Paris zu leben. „Obwohl ich das Land liebte – vor allem das Meer – wurde mir in diesem Jahr doch bald bewußt, daß mir die Freiheit fehlte, ich hatte das Gefühl, zu ersticken. Ich ging nur wenig aus. Das kulturelle Leben war so gut wie tot – kein Theater, keine guten Filme, keine Bücher, die mich interessiert hätten. Zudem spürte man schon, wie die Fundamentalisten langsam das Land und alle unsere freiheitlichen Errungenschaften zu bedrohen begannen. Also ging ich zurück nach Paris".

Als Zwanzigjährige veröffentlichte Amina Saïd ihre ersten Gedichte in verschiedenen französischen Literaturzeitschriften. Sie las in dieser Zeit vor allem englische und amerikanische Literatur. Doch sie liebte auch Rilke, Neruda und Octavio Paz. Alles, was ihr wichtig erschien, hielt sie fest in ihren Notizbüchern. Sie beschäftigte sich mit französischer und arabischer Lyrik. Mit dem gleichen Enthusiasmus entdeckte sie die großen Dichter des Mittelmeerraumes – vor allem die griechischen und italienischen. „Die Poesie war eine ganz persönliche Entdeckung. Ich habe beim Lesen unterschwellig immer eine Spur verfolgt, es war ein Zustand permanenter Suche . . ."

Auf dieser ständigen Suche vertiefte sie sich in die philosophischen Werke Bergsons, Nietzsches und Kants, las anthropologische, psychologische und psychoanalytische Literatur. Sie hatte eine Leidenschaft für Mythologien, für das Sakrale, für Symbole und Magie, kurz, für das Wundersame – sei es in der arabischen, der maghrebinischen oder in irgendeiner anderen Kultur der Welt. „Die Lektüre und das Schreiben erschienen mir untrennbar miteinander verbunden zu sein. Für den Schreibenden beginnt ein endloser Dialog – nicht nur in seinem Inneren, sondern zwischen sich selbst und seinen Mitmenschen und, dank der Bücher, zwischen sich selbst und denjenigen, die vor ihm waren."

In einem kleinen Verlag veröffentlichte Amina Saïd 1980 ihren ersten Gedichtband. Die Literaturzeitschrift *Sud* in Marseille gab ein Jahr später eine Sondernummer über sie heraus und verlieh ihr gleichzeitig den „Prix Jean-Malrieu". 1994 wurde sie von der „Société des Gens de Lettres" mit dem „Prix Charles Vildrac" ausgezeichnet. Mit ihrem siebten Gedichtband, der im selben Jahr in Paris erschienen war, profilierte sich Amina Saïd als eine der bedeutendsten und originellsten Lyrikerinnen Nordafrikas. Sie arbeitet mit an verschiedenen Publikationen, belebt literarische „Ateliers" und schreibt als Literaturkritikerin für die Zeitschrift *L'Evénement de Jeudi.*

Zusammen mit ihrem Mann – einem französischen Verleger – bewohnt Amina Saïd ein bescheidenes Appartement nahe der Place des Fêtes im XIX. Arrondissement. Auf ihrem Schreibtisch fällt mir das Farbphoto eines Paares auf, das sich in einem Garten voller Blumen fast zärtlich zulächelt. „Ich habe eine sehr gute Beziehung zu meinen Eltern", sagt sie und reicht es mir. „Als ich mich mit einem Franzosen verheiraten wollte, gab es keinen Sturm der Entrüstung in der Familie. Sie haben es akzeptiert, genauso wie sie damals auch die Ehe meines Vaters mit einer Französin akzeptiert hatten." Wie erklärt sie sich diese ungewöhnliche Toleranz? „Tunis war in den fünfziger- und sechziger Jahren eine wirklich kosmopolitische Stadt. Muslime, Christen und Juden lebten ohne jeden Haß, ohne jede Gewalt zusammen. Es gab keine Probleme zwischen den Menschen verschiedener Kulturen und Religionen. Ich habe niemals irgendeine Auseinandersetzung, eine Konfrontation zwischen Muslimen, Christen und Juden erlebt. Für mich war es eine Selbstverständlichkeit, in dieser kulturellen und religiösen Pluralität zu leben. Als Kind spielte ich mit französischen, italienischen, maltesischen, jüdischen und tunesischen Mädchen und Buben zusammen, kurz: ich habe gelernt, tolerant zu sein, noch ehe ich fünf Jahre alt war!"

Wir schlendern in der warmen Herbstsonne durch Paris. Die Seine glänzt wie ein riesiges Schwert. Amina fühlt sich glücklich und ist in bester Form. „Die grauen Tage von Paris sind mir ein Greuel. Sie drücken mir auf den Körper und auf den Geist. Nur das Licht macht mich heiter, gibt mir Kraft, läßt ein Gedicht in mir entstehen. Ich bin im Süden geboren und bleibe seinen Farben, seinen Gerüchen und seinem Licht verbunden", sagt sie und es klingt fast wie eine Entschuldigung. Sie schweigt einen Moment, dann fragt sie, ob ich die Verse des französischen Dichters Lorand Gaspar kennte: „Ich weiß, es gibt eine Zeit, einen Ort für unser immerwährendes Verlangen, dem Licht entgegenzugehen". „Diese Verse, die ich sehr liebe, drücken nicht nur die tiefe Sehnsucht des Dichters aus, sondern gleichzeitig auch das Gefühl einer endlosen Suche", sagt sie.

Die profunde, eigenwillige Lyrik Amina Saïds ist angesiedelt zwischen zwei Ufern – zwischen Orient und Okzident. Es ist eine stetige Irrfahrt, die das Verlangen hervorruft nach einem festen Ort und nur im Schreiben Halt findet. „Man hat mich immer gefragt, warum ich Französisch schreibe, wo ich doch durch Geburt und Herkunft dem arabisch-muslimischen Raum angehöre. Die Antwort ist ganz einfach: natürlich ist das Arabische meine Muttersprache. Und auch in dem, was ich auf Französisch schreibe, ist das Arabische in meinen Unterbewußten immer gegenwärtig. Die beiden Sprachen fließen ineinander. Und so ergibt sich zwischen ihnen eine Verbindung, eine Übereinstimmung. Viele Leute, die meine Gedichte ins Arabische übersetzt haben, sagten mir, sie hätten die unterschwellige Gegenwart des Arabischen deutlich gespürt. Man hätte nach der Übersetzung das Gefühl gehabt, sie seien direkt auf Arabisch geschrieben worden. Ich würde daher sagen, daß ich arabische Gedichte in französischer Sprache schreibe."

Mehr noch als mit der Sprache beschäftigt sich Amina Saïd mit dem Ort. Denn die Sprache ist die Heimat, die sie „Ort" nennt – *le lieu*. „Jedes kreative Werk ist Ausdruck eines ersten

Exils, eines ursprünglichen Verlustes. Es ist, als wäre der Mensch auf Erden im Exil – eine Vorstellung, die bei den Gnostikern sehr ausgeprägt ist. ‚Das Leben selbst ist das Exil‘, schrieb Joë Bousquet. Daher scheint mir das eigentliche Exil sowohl ein metaphysisches als auch ein geographisches zu sein. Und dann ist da noch diese typisch nordafrikanische Idee von der *errance*, dem ständigen Wandern (Nomadisieren), eine Vorstellung, die Wahl und Schicksal zugleich ist. Diese Vorstellung vom ständigen Wechsel zwischen Aufbruch und Rückkehr wird zum Band zwischen beiden Orten. Und der Aufbruch trägt schon die Sehnsucht nach Rückkehr in sich. Daher scheint mir das Bild vom Seiltänzer, der über einer Leere vorwärtsschreiten muß, das Bild des Dichters selbst zu sein, daher auch das Gefühl, sich ständig in einem *entre-deux*, einem Zwischenfeld, zu befinden – was ganz gewiß ein privilegierter Ausgangspunkt des Schreibens ist: Das Schreiben selbst wird zum ersehnten „Ort".

Wir sind am Place Châtelet angekommen, gehen zum Schmökern kurz ins *FNAC* – die berühmte Pariser Buchhandlung. Sie kauft „Die Zeit der Mörder" – das Buch, das Henry Miller über Rimbaud geschrieben hatte. Ich kaufe den letzten Roman von Gabriel García Márquez „Von der Liebe und anderen Dämonen". Wir gehen in ein kleines Bistro. Bei einem Glas Weißwein spricht Amina weiter über die Beziehung zwischen dem Dichter und dem „Ort". „In der Poesie", sagt René Char, „bewohnt man nur den Ort, den man verläßt... Das Schreiben – *l'écriture* – ist nur eine Rast, ein Innehalten. Es scheint eher die Sehnsucht nach dem ‚Ort‘ zu verstärken – dieses Verlangen nach einem imaginären, utopischen, erträumten Ort... und nur die Poesie kann den Weg dorthin im Aufblitzen eines Gedankens sichtbar machen. Es ist ein symbolischer, nie endgültiger Ort, an dem jedes Gefühl des Exils verschwindet, die Identität kein Problem mehr darstellt – ein Ort, an dem der Mensch zur Einheit mit sich selbst gelangt. Die Poesie ist für mich der ‚Ort ohne Ort‘. Und der Dichter – immer auf der Suche nach einem Ort – wird zum Schöpfer des Ortes selbst."

Was bedeutet Schreiben für sie? Amina nippt an ihrem Glas, zündet eine Zigarette an und sagt: „Schreiben bedeutet für mich ein immerwährendes Fragen. Es ist der Wunsch, sich selbst – aber auch der Welt – eine Präsenz zu geben, die genaue Distanz zu finden zwischen der Wirklichkeit und sich selbst. Das Schreiben selbst ist das Produkt einer Distanz. Und diese Distanz drückt sich aus in der Sprache. Die Poesie ist in meinen Augen ein Mittel – vielleicht das einzige –, sich dieser Distanz bewußt zu werden." Ein kurzes Schweigen, dann fixiert sie mich mit einem sehr ernsten Blick und sagt: „Am Anfang war da eine große Leere, die es auszufüllen galt, ein Gefühl, nicht zu existieren, abwesend zu sein ... vielleicht eine Ahnung von jenem *gouffre* (Abgrund), von dem Baudelaire sprach. Es gibt innere Welten und äußere, die es miteinander zu versöhnen gilt. Man muß lernen, seinen Körper zu bewohnen, die Erde zu bewohnen ... Ganz langsam kam die Poesie, um diesen inneren Abgrund auszufüllen ... Sie wurde Schritt für Schritt Vermittlerin zwischen dem Selbst und der Welt, dem Selbst und den anderen, dem Selbst und dem Selbst."

Für Amina Saïd ist und bleibt das auslösende Moment des Schreibens mysteriös. „Es ist vielleicht das unwillkürliche Zusammenfügen zweier Worte, eines Verses, einer Strophe, eines Traumes, eines Gedankens, einer Erinnerung, eines Gefühls, das ständige Interesse am Mythos oder an mythischen Personen, das Erstaunen vor diesem sich immer erneuernden Wunder des Lebens, die Schönheit einer Landschaft, der Natur, dem Leben, dem Sinn unseres Weges, dem Tod ... Was ein Gedicht entstehen läßt, kann lange im Innern deiner selbst schlummern. Dann, in irgendeinem Moment – oft ohne daß man sich dessen gewahr wird – ist das Gedicht geboren. Ich hatte nie das Bedürfnis, meinen Gedichten einen Titel zu geben. Es kam mir so vor, als würde dies den Text, die Lektüre und ihre Interpretation einengen, in eine bestimmte Richtung lenken ... Andererseits glaube ich, daß es den Elan und die Kontinuität zerstört, die zwischen dem einen und dem anderen Gedicht bestehen und die durch die ‚weißen Flecken' auf dem Papier angedeutet sind. Jedes Gedicht ist ein Fragment, das zu einem Ganzen gehört. Jedes Gedicht – und jeder Gedichtband – ist ein Echo auf die vorangegangenen – so als hätten darin schon diejenigen leise angeklopft, die folgen werden. Ein Gedicht – und die Poesie selbst – hat in Wirklichkeit weder Anfang noch Ende. Es ist ein immerwiederkehrender Anfang."

Wir kommen auf Algerien zu sprechen, auf gemeinsame Freunde, die nicht mehr am Leben sind, und andere, um die wir uns sorgen. Ein Schatten legt sich auf Aminas Gesicht als sie sagt: „Es ist nicht nur der Schmerz über die Verbrechen an all den vielen Unschuldigen – an Schriftstellern, Journalisten, Frauen, Kindern – es ist diese Ohnmacht, unser aller Unvermögen, dem Massaker ein Ende zu bereiten, das mittlerweile zu unserem täglichen Brot gehört . . . Diese Leute (die Fundamentalisten, A.d.Ü.) sind im Begriff, vor unseren Augen alle unsere Hoffnungen zu zerstören, die Erde unter unseren Füßen zu verbrennen – es ist der blanke Horror!"

Langsam bricht die Nacht herein – eine milde, wundervolle Nacht. Auf der Place Châtelet drängt sich eine heitere Menge junger Leute. Ich erinnere sie an Edmond Jabes, der schrieb: „Die Poesie ist die Tochter der dunklen Nacht". Amina bestellt sich noch ein Glas und lehnt sich gedankenvoll zurück: „Wenn Jabes das gesagt hat, dann deshalb, weil ihm bewußt ist, daß jeder Schaffende von Anfang an weiß, daß in seinem Gesang seine eigene Nacht und die große Nacht der Welt mitschwingen. Genauso wie er weiß, daß eine andere Nacht uns erwartet – nämlich eine endgültige. Es ist die Nacht, die uns erlaubt, die Zeit unseres kurzen Aufenthaltes auf Erden, diesen kurzen Strahl des Lichts, besser zu erkennen. Sie ist ein ambivalentes Symbol – Gewißheit unseres Endes und Versprechen des Lichts zugleich."

Eine revolutionäre Träumerin

Die irakische Schriftstellerin Haifa Zankana

> Das Schreiben hat mir geholfen,
> aus dem schwarzen Tunnel herauszukommen,
> in dem ich viele Jahre lang eingesperrt war.
> *Haifa Zankana*

Gegen Ende des Zweiten Weltkriegs organisierte ein junger kurdischer Kaufmann den Pendelverkehr zwischen Bagdad und seiner Heimatstadt Kirkuk. Während seiner kurzen Aufenthalte in Bagdad wohnte er bei seiner Tante. Bei einer Hochzeitsfeier einer ihrer Nachbarinnen lernte er ein junges arabisches Mädchen kennen, verliebte sich in sie auf den ersten Blick und heiratete sie ein paar Monate später. Aus dieser Ehe gingen neun Kinder hervor, fünf Jungen und vier Mädchen. Haifa war das dritte Kind. Sie wurde 1950 geboren: „Damals lebten im Irak Araber und Kurden, Muslime, Christen und Juden friedlich zusammen. Es gab weder Haß noch Zusammenstöße, keine gewalttätigen Auseinandersetzungen. Erst später, als die *Baathisten* 1968 die Macht ergriffen, war es mit dieser Harmonie zu Ende. Ich kann mich an keinen einzigen Konflikt zwischen der kurdischen Familie meines Vaters und der arabischen meiner Mutter erinnern. Aus diesem Grund sind wir Kinder aufgewachsen, ohne mehr als ein paar Worte Kurdisch gelernt zu haben. Selbst bei der Namensgebung gab es keine Probleme. Meine Eltern hatten sich darauf geeinigt, den ersten vier Kindern arabische Namen und den anderen kurdische zu geben. Ich bekam also einen arabischen Namen!"

Während ihrer Kindheit ging Haifa gerne mit ihrer Mutter in den Suks von Bagdad spazieren. Hin und wieder begleitete

Haifa Zankana

sie die Mutter auch zur berühmten Moschee des Heiligen *Sidi Abdulkader Al-Jilani*, wo die meisten religiösen Feste gefeiert wurden. „In den alten Suks wie dem der *As-Safarin* schaute ich gerne den Handwerkern zu, betrachtete die Teppiche und den Schmuck, der in den Vitrinen ausgestellt war, und lauschte den Stimmen der Verkäufer, die wie Musik in meinen Ohren klangen. Ich konnte dort den ganzen Tag verweilen, ohne mich zu langweilen und ohne müde zu werden. In der Moschee *Sidi Abdulkader Al-Jilanis,* deren Architektur zum Faszinierendsten gehört, was ich bis heute gesehen habe, hörte ich mit Begeisterung den religiösen Gesängen zu, die mich manchmal zu Tränen rührten. Wenn der Koran rezitiert wurde, war mein ganzer Körper wie elektrisiert, und ich kehrte wie auf einer Wolke in einem unendlichen Raum nach Hause zurück."

Schon mit sieben Jahren fing Haifa an, ihren Vater auf seinen Reisen in den Nordirak zu begleiten, vor allem nach Kirkuk und nach Süleymaniye, zwei mehrheitlich kurdischen Städten. Während einer dieser Reisen entdeckte sie, daß ihr Vater dort eine kurdische Geliebte hatte. „Sie war eine reiche, schöne und imposante Witwe. Ihre schwarzen Haare reichten ihr bis zu den Hüften. Sie hatte eine sechzehnjährige Tochter und wurde von jedermann geachtet. Im großen Salon ihres Hauses empfing sie die Anführer der Stämme und kurdische Persönlichkeiten, die in verschiedenen Angelegenheiten ihren Rat suchten. Sie liebte mich sehr und verwöhnte mich mit allerlei Geschenken. Aber auch ich liebte sie sehr. Mit der Zeit fand ich heraus, daß meine Mutter wußte, daß mein Vater eine Geliebte hat. Doch schien dies sie nicht zu berühren. Sie benahm sich meinem Vater gegenüber, als wenn nichts wäre!"

Im Jahre 1958 erhob sich das irakische Volk gegen das Herrscherhaus. König Faisal, der erst 23 Jahre alt war, wurde zusammen mit seiner Familie im Hof des Königspalastes grausam ermordet. Sein Premierminister, Nuri as-Said, der als Frau verkleidet zu fliehen versuchte, wurde erkannt und von der tobenden Menge gelyncht. Die kleine Haifa wurde Zeugin einer Szene, die sie nie vergessen kann: „An diesem Tag hatte unser Vater uns nachdrücklich verboten, das Haus zu verlassen. Schlag vier Uhr nachmittags durchdrangen Schreie unser Viertel. Wir stürzten alle zu den Fenstern. Von da aus konnten wir eine riesige Menschenmenge sehen, die einen kahlköpfigen Mann umringte, der zitterte wie ein Blatt im Wind. Plötzlich fiel die Menge über ihn her, so daß wir ihn nicht mehr sehen konnten. Einige Minuten später zerstreute sich die Menge, und es bot sich uns ein grausiges Bild: Der Mann lag blutbefleckt und völlig entstellt am Boden. Am Abend erfuhren wir, daß er ein bekannter Agent der Geheimpolizei war!"

Unmittelbar nach dem Sturz des Regimes von Abdul Karim Qassem, dem Anführer der Revolution von 1958, kam es im Jahre 1963 zu blutigen Zusammenstößen zwischen Baathisten und Kommunisten mit vielen Opfern auf beiden Seiten. Da Haifas Vater so wie auch ihr ältester Bruder mit der kommunistischen Partei des Irak sympathisierten, war die Familie aus Angst vor Repressionen gezwungen, mindestens zweimal im Monat den Wohnort zu wechseln. In jener Zeit der Angst und des Terrors fing die junge Haifa an, sich für den Marxismus zu interessieren. „Ich habe damals sehr viel gelesen. Von meinem Taschengeld kaufte ich Zeitschriften und Bücher, vor allem Kriminalromane. Später las mein ältester Bruder mir einige Absätze aus dem ‚Kommunistischen Manifest' von Karl Marx vor, und ich war sehr beeindruckt. Von da an interessierte ich mich für den Marxismus. Ich las ‚Mein Leben' von Trotzki, Broschüren der Kommunistischen Partei Chinas, weitere Schriften von Karl Marx, Friedrich Engels und Lenin. Mit achtzehn Jahren war ich bereits überzeugte Kommunistin."

Nach dem 1968 bestandenen Abitur schrieb Haifa Zankana sich in der pharmazeutischen Fakultät ein. „Ich hatte eine große Vorliebe für Literatur und träumte seit meinem zehnten Lebensjahr davon, Schriftstellerin zu werden. Doch in jener Zeit waren im Irak die Naturwissenschaften sehr gefragt und sehr hoch geschätzt, weil sie bessere Zukunftsaussichten versprachen. Aus diesem Grund habe ich mich für die Pharmazie entschieden. Doch dies hat mich in keiner Weise weder von der Literatur, noch von der Politik abgebracht. Vielmehr habe ich im zweiten Jahr meines Universitätsstudiums beschlossen, Mitglied der kommunistischen Partei zu werden."

Anfang der siebziger Jahre waren die Baathisten, die 1968 durch einen Militärputsch an die Macht gekommen waren, bereit, mit den Kommunisten eine gemeinsame Front zu bilden. Viele Kämpfer der kommunistischen Partei betrachteten diesen Schritt als eine gegen sie gerichtete Falle. Nach stürmischen Debatten mit dem Zentralkomitee zogen sie sich aus der Partei zurück, um eine „radikal-kommunistische Partei", wie sie es nannten, zu gründen. Auch Haifa Zankana gehörte zu ihnen.

„Da wir gegen die Einheitsfront waren, erklärten uns die Baathisten den Krieg, und wir waren gezwungen, in den Untergrund zu gehen. Nach dem Vorbild Vietnams und Chinas entschieden wir uns für die ‚Land- und Stadtguerilla' mit dem Ziel, das Regime zu stürzen. Wir errichteten also Militärbasen im Süden und Norden des Landes und selbst in Bagdad. Die Partei beauftragte mich, Waffen und Munition zu den verschiedenen Stützpunkten zu transportieren. Als Bäuerin verkleidet transportierte ich mein schweres Gepäck mit Taxis, Bussen oder auch mit Zügen. Auf dem Rückweg von einer Mission im Süden wurde ich von den Sicherheitskräften in der Nähe von Basra festgenommen."

Im berüchtigten Gefängnis *Kasr al-Nihaya* – Palast des Endes –, in dem viele progressive irakische politische Kämpfer unter der Folter umgekommen sind, verbrachte Haifa zwei Monate totaler Isolationshaft in einer winzigen Zelle, in der es nach Blut und Urin roch. Von dort konnte sie Tag und Nacht die Schreie der Gefolterten hören: „Ich hatte Glück. Einer meiner Verwandten war in seiner Jugend mit Saddam Hussein befreundet gewesen. Er besuchte mich im Gefängnis und versicherte mich seiner Hilfe – nicht ohne meine ‚sinnlose und verrückte Tat' streng zu verurteilen. Ich glaube, ich habe es ihm zu verdanken, daß ich nicht gefoltert wurde. Aber um mir Angst einzujagen, brachten sie mich ganz in der Nähe der Zellen von Gefangenen unter, die sie folterten. Nachdem ich aus dem Gefängnis ‚Kasr al-Nihaya' entlassen worden war, wurde ich noch viele Monate lang im Schlaf von den entsetzlichen Schreien der Gefangenen verfolgt!"

Von „*Kasr al-Nihaya*" wurde Haifa Zankana in ein hundert Kilometer südlich von Bagdad gelegenes Frauengefängnis verlegt: „Die Insassinnen kamen fast alle aus dem Süden des Landes. Einige von ihnen hatten ihre Ehemänner umgebracht, manche hatten sie im Schlaf verbrannt. Mit Hilfe ihres Cousins, der ihr Geliebter war, hatte eine sehr schöne Beduinin aus der Umgebung von Basra ihren fünfundzwanzig Jahre älteren Ehemann ermordet. Ich war ungefähr zwei Monate mit den Frauen zusammen. Es war tausendmal besser dort als im ‚*Kasr al-Nihaya*'. Meine Mitgefangenen respektierten mich sehr. Für sie war es merkwürdig, daß eine Frau sich in politische Angelegenheiten einmischt. Sie erzählten mir ihre Geschichten, und ich las ihnen Gedichte von Muzaffar An-Nawab vor, einem progressiven irakischen Dichter, der 1972 aus dem Irak geflohen war. Sie hörten mir sehr aufmerksam zu und manchmal weinten sie vor Rührung."

Nach sechs Monaten wurde Haifa Zankana „befreit". Sie kehrte an die pharmazeutische Fakultät zurück. In dieser Zeit heiratete sie einen jungen surrealistischen kurdischen Dichter, in den sie seit ihrem 13. Lebensjahr verliebt war. Kaum hatte sie ihr Abschlußexamen mit einem Diplom absolviert – es war im Jahre 1975 –, da mußte sie sich schon mit neuen Schwierigkeiten auseinandersetzen. Aufgrund ihrer politischen Vergangenheit weigerte sich die Regierung kategorisch, ihr die Erlaubnis zur Eröffnung einer Apotheke zu geben. Nach eineinhalbjähriger Wartezeit, in der sie arbeitslos war, beschloß Haifa, ins Exil zu gehen. Anfang 1975 kam sie zusammen mit ihrem Mann in Damaskus an.

In Damaskus engagierte sich Haifa Zankana sofort für die palästinensische Revolution. Sie wurde von der *PLO* mit der administrativen Verwaltung einer Medikamenten-Fabrik beauftragt: „Mein politisches Engagement innerhalb der palästinensischen Revolution entsprach meiner revolutionären und marxistischen Überzeugung. Außerdem hatte ich die palästinensische Revolution schon als eine große Hoffnung betrachtet, bevor ich den Irak verlassen hatte; eine Hoffnung nicht nur für das palästinensische Volk, sondern für alle arabischen Revolutionäre und Fortschrittsgläubigen. Ich habe mich daher gleich nach meiner Ankunft in Damaskus mit der *PLO* in Verbindung gesetzt und ihr meine Dienste angeboten. Ein Jahr lang habe ich mit meinen Kollegen – Männern und Frauen – Tag und Nacht gearbeitet, um die palästinensischen Kämpfer im Libanon, wo seit 1975 der Bürgerkrieg tobte, mit Medikamenten zu versorgen. Mit der Zeit wurde mir jedoch klar, daß die ‚reine Revolution‘, von der ich träumte, seitdem ich mir die marxistische Theorie angeeignet hatte, nur eine Illusion, eine Fata Morgana war. Ich entdeckte auch, daß die Anführer und Kämpfer der palästinensischen Revolution nicht vor Heuchelei, Betrug und Schwindeleien zurückschreckten. Sie wiesen jede Kritik zurück und jeder, der sich ihnen zu widersetzten suchte, wurde streng bestraft. Manche von ihnen kamen aus dem Libanon zurück und hatten völlig vergessen, daß sie kurze Zeit zuvor lang und breit über die ‚Reinheit der Revolution‘ palavert hatten. Dies alles war für mich eine bittere Enttäuschung und hat fast alle meine Hoffnungen in die palästinensische Revolution und ihre Wortführer zerstört. Ich reichte daher meine Entlassung ein und nahm zusammen mit meinem Mann und unserer kleinen Tochter, die gerade geboren war, das nächste Flugzeug nach London.“

Die ersten Jahre in London waren eine schwierige Zeit. Haifa Zankana mußte sich um ihre kleine Tochter kümmern, sich eine Arbeit suchen und eine Unmenge heikler Probleme lösen, die das neue Leben im Exil mit sich brachte. Die Meinungsverschiedenheiten zwischen ihr und ihrem Mann spitzten sich zu. Manchmal kam es zu ziemlich gewalttätigen Auseinandersetzungen zwischen ihnen. Zwei Jahre nach ihrer Ankunft in London ließen sie sich scheiden, und Haifa blieb allein mit ihrer Tochter zurück: „Ich war völlig verzweifelt. Ich hatte das Gefühl einer völligen Leere um mich. Mein Leben in London, weit weg von meiner Heimat, abgeschnitten von meinem Volk, kam mir völlig sinnlos vor. Ein paar Mal dachte ich sogar an Selbstmord. Es hat mich eine lange Zeit gekostet, meine Kräfte wiederzufinden."

Sieben Jahre lang schwankte Haifa Zankana unschlüssig hin und her. Sie schloß sich trotzkistischen und surrealistischen Gruppen an sowie verschiedenen Frauenverbänden. Doch dies brachte ihre verstörte Seele nicht zur Ruhe: „Am Anfang dachte ich, daß meine neue politische Aktivität mir helfen würde, mein Gleichgewicht wiederzufinden. Und so engagierte ich mich zwei Jahre lang in einer kleinen trotzkistischen Gruppe der extremen Linken. Als ich feststellte, daß dieses Engagement nicht meinen Erwartungen und Zielen entsprach, wandte ich mich den Surrealisten zu und schließlich der Frauenbewegung. Aber auch da wurde ich enttäuscht. Also fing ich an zu malen. Und dann zu schreiben. Und es war das Schreiben, das mich aus dem schwarzen Tunnel herausführte, in dem ich viele Jahre lang eingesperrt war."

In nur sechs Monaten schrieb Haifa Zankana ein Dutzend Novellen, die alle inspiriert waren von ihrem Leben im Exil, von Kindheits- und Jugenderinnerungen, von ihren Erfahrungen im Irak. Gleichzeitig nahm sie Kontakt auf zu irakischen Intellektuellen im Exil, deren Zahl Ende der achtziger Jahre immer weiter zunahm: „Am Anfang wagte ich nicht, ihnen zu zeigen, was ich geschrieben hatte. Ich hatte überhaupt kein Selbstvertrauen. Dann traf ich eines Tages einen irakischen Dichter, den ich flüchtig kannte und der eine Literaturzeitschrift herausgab, die bei den irakischen Exilanten in London sehr beliebt war und viel gelesen wurde. Ich las ihm eine Novelle vor, und er beschloß sofort, sie in der nächsten Nummer zu veröffentlichen. Als sie erschien, nahmen viele Iraker und auch einige Libanesen, Syrer, Ägypter und Saudis Verbindung mit mir auf, um mich zu beglückwünschen. Das hat mich ermutigt, weiterzuschreiben."

1994 veröffentlichte Haifa Zankana einen Roman mit dem Titel „Die Folterknechte", in dem sie vom Trauma ihres Gefängnisaufenthaltes nach ihrer Verhaftung im Jahre 1973 erzählt. Dieser Roman wurde von der Kritik mit großer Begeisterung aufgenommen – vor allem von den irakischen Intellektuellen im Exil. Anfang 1995 brache sie einen Band mit fünfzehn Novellen heraus mit dem Titel „Die Station". Und worüber schreibt sie im Augenblick? Haifa Zankana antwortet nach kurzem Zögern: „Seit ein paar Monaten versuche ich, ein Buch über die algerischen Intellektuellen zu schreiben, die in den letzten Jahren ermordet wurden. Ich habe Algerien mehrmals besucht, bevor sich die Situation so zugespitzt hat, und ich habe das Land und seine Menschen sehr geliebt. Algerien spiegelt heute das Bild der arabischen Welt wider, ihre Zerrissenheit und ihr Bedrohtsein von Bürgerkriegen und Hungersnöten. Deshalb wollte ich über Algerien schreiben. Gleichzeitig bin ich gerade dabei, eine Geschichte über sieben arabische Exilanten zu schreiben, die dauernd nur reden – mit sich selbst oder untereinander. Auf diese Weise möchte ich gerne die Situation der im Londoner Exil lebenden Araber beschreiben."

Vor dem kleinen Café im Covent Garden, in dem wir uns getroffen haben, hat sich eine Zuschauergruppe um drei junge Mädchen herum gebildet, die auf ihren Klarinetten klassische Stücke spielen. Ein paar Schritte weiter versucht ein schwarzer Clown, die Leute zum Lachen zu bringen. Haifa Zankana betrachtet die Mädchen und den Clown ein paar Augenblicke lang. Dann wendet sie sich zu mir und sagt mit bewegter Stimme: „Wissen Sie, vor dreißig, vierzig Jahren ging es auf den Straßen und Plätzen der meisten arabischen Städte zu wie auf einem heiteren Fest – genauso wie es heute noch in Marrakesch der Fall ist. Aber seit einiger Zeit haben die arabischen Regime die ganze Poesie des Lebens zerstört. Und so ist es kein Wunder, daß alle arabischen Städte heute wie große Friedhöfe wirken, in denen der Tod und die Angst herrschen." Nach einer kurzen Pause sagt sie: „Ich muß immer an den Irak denken. Ich erinnere mich, daß die Menschen, bevor die Baathisten die Macht ergriffen haben, mehr oder weniger glücklich waren. Die verschiedenen Gemeinschaften respektierten sich gegenseitig und lebten harmonisch zusammen. Die beste Freundin meiner Kindheit war eine Christin. Ich ging mit ihr zusammen in die Kirche. Als junges Mädchen hatte ich einen schiitischen Freund, während ich und meine Familie Sunniten sind. Und nun ist dies alles vorbei, ist unser Land von Haß zerrissen. Darf ich sagen, daß ich sehr pessimistisch bin? Ja, ich glaube, daß ich es sagen muß!"

Es lebe die Poesie

Die syrische Dichterin Lina Tibi

> Jeden Morgen schließe ich die Vorhänge,
> damit keiner mich sieht,
> damit mich meine Einsamkeit nicht flieht ...
> *Lina Tibi*

Fünf Jahre bevor sie zur Welt kam – im Jahr 1958 – hatte Gamal Abdel Nasser, dessen Traum es war, die arabische Welt vom Golf bis zum Atlantik zu vereinigen, den Zusammenschluß zwischen Syrien und Ägypten verkündet. Aus Angst vor dem „arabischen Sozialismus" Nassers und den zu erwartenden Verstaatlichungen privater Unternehmen hatten viele vermögende syrische Familien Syrien verlassen, um sich in anderen Ländern niederzulassen. Auch Lina Tibis Großeltern väterlicherseits verließen damals das Land und gingen nach Beirut. Ihr ältester Sohn kehrte 1962 zu einem kurzen Besuch nach Damaskus zurück und heiratete dort ein junges Mädchen aus einer angesehenen Damaszener Familie. Ein Jahr später kam ein Mädchen zur Welt, für das der Großvater den schönen Namen Lina auswählte.

An die ersten Jahre ihrer Kindheit erinnert Lina Tibi sich gern zurück. Ihre Eltern nahmen sie mit ans Meer und zu den schneebedeckten Bergen des Libanon. Als sie zwei Jahre später einen Bruder bekam, nagte eine kleine Eifersucht an ihrem Herz, und das verwöhnte Einzelkind versuchte mit allerlei extravaganten Spielchen, die Aufmerksamkeit der anderen auf sich zu ziehen.

Als sie gerade fünf war, beschlossen ihre Eltern, in Kuwait ihr Glück zu machen. Sie arbeiteten in einem kleinen Schmuckgeschäft, das einem Onkel der Familie gehörte. Die kleine Lina

Lina Tibi

verbrachte viele Stunden dort, war fasziniert von den Prinzessinnen der königlichen Familie mit ihren langen, schwarzen Haaren, die dort ein und aus gingen, um die Schmuckstücke zu betrachten, die sie sich kaufen wollten. Kurze Zeit später machte sich Linas Vater selbständig, eröffnete eine Boutique für Damenkleider und erlitt Schiffbruch damit. Von da an gab es in der Familie ständig Streit, und eines Tages nahm Linas Mutter ihre beiden Kinder und floh mit ihnen nach Damaskus, um dort die Scheidung einzureichen. In der Verhandlung fragte der Richter die Kinder, bei wem sie leben wollten, beim Vater oder bei der Mutter. Lina und ihr Bruder entschieden sich ohne Zögern für den Vater. „Ich weiß nicht, warum ich mich für ihn entschieden habe. Vielleicht, weil die Familie meiner Mutter sehr konservativ war. Die Frauen mußten sich verschleiern, sobald sie das Haus verließen. Außerdem hatte ich ein paar Tage vor dem Gerichtstermin erfahren, daß meine Mutter einen anderen Mann heiraten wollte. Das hat mich zutiefst erschreckt. Und ich glaube, auch mein kleiner Bruder hatte Angst davor."

Lina war inzwischen zehn Jahre alt und wieder in Beirut. Sie liebte das Meer und die Berge, verbrachte ihre freie Zeit in Sportclubs und war eine eifrige, intelligente Schülerin. Anfang 1975, kurz nach ihrem zwölften Geburtstag, brach im Libanon der Bürgerkrieg aus. Lina war angesichts des Schreckens, der sie umgab, völlig verstört und wußte nicht, was tun. In diesem Augenblick kam ihr ihre Tante, eine kultivierte und emanzipierte Frau, zu Hilfe: „Ich vergötterte diese Tante und ich war vor allem fasziniert von der außergewöhnlichen Stärke ihres Charakters, ihrem Mut und ihrer Beharrlichkeit. Als sie mir vorschlug, mich der ‚Murabitun-Bewegung‘ – einer nasseristischen Vereinigung – anzuschließen, deren Mitglied sie war, zögerte ich keinen Augenblick. Im Gegenteil: Ich hatte das Gefühl, daß dies meine einzige Rettung wäre!"

Im Schoß der *Murabitun*-Bewegung lernte Lina Tibi sehr bald den Umgang mit automatischen Waffen, hörte Vorträge über die politischen Ideen Nassers, über Palästina und die arabische Geschichte sowie über die Technik der Stadtguerilla. Als der Anführer der Bewegung, Ibrahim Kulaylat, während einer seiner Besuche in den Zentren, zu denen sie gehörte, ihr zulächelte und ihr über den Kopf strich, war sie außer sich vor Freude und fühlte sich sehr stark, ja sogar bereit, ohne Bedauern für eine noble Sache zu sterben.

Da der Krieg 1976 eine unheilvolle Wende nahm, beschloß Linas Vater, mit seinen Kindern nach Damaskus zurückzukehren. Auf dem Weg dorthin erlebte Lina eine entsetzliche Szene, die sich für immer in ihr Gedächtnis eingegraben hat: „In dem Taxi, das wir in Beirut genommen hatten, waren zusammen mit uns drei junge Burschen. Die Straße Beirut–Damaskus war völlig verstopft mit Fahrzeugen voller Menschen, die aus dem Libanon fliehen wollten. Bevor wir an der Grenze ankamen, fing der Verkehr plötzlich an zu stocken, und schließlich kam die ganze Kolonne zum Stehen. Kurz darauf erfuhren wir, daß bewaffnete Drusen die Straße gesperrt hatten. Sie wollten sich für den Tod von drei jungen Drusen rächen, die von christlichen Phalangisten getötet worden waren. Die drei Jungen, die in unserem Taxi waren, bekamen Angst und flehten den Taxi-Chauffeur an, er möge umkehren. Es war uns sofort klar, daß sie Christen waren, die wie wir vor dem Krieg flüchteten und mit der Sache nichts zu tun hatten. Der Chauffeur, ein sunnitischer Moslem, geriet in Panik, doch es war unmöglich, umzukehren, da so viele Wagen hinter ihm waren. Plötzlich tauchten fünf drusische Männer auf, bewaffnet bis an die Zähne. Nachdem sie unsere Pässe kontrolliert hatten, befahlen sie den drei Jungen, auszusteigen. Dann schossen sie die Wehrlosen vor unseren Augen nieder. Viele Wochen lang hat mich diese grausame und brutale Todesszene mit Schrecken erfüllt und mir den Schlaf geraubt."

Gegen Ende des Jahres 1976 heiratete Linas Vater in Damaskus ein zweites Mal – eine junge Frau von 19 Jahren, die bereits Mutter eines Jungen und eines Mädchens war. Lina war sehr froh über diese neue Verbindung, denn sie hoffte, daß ihre neue Stiefmutter die Leere ausfüllen würde, die die Trennung von ihrer eigenen Mutter hinterlassen hatte. Einige Monate nach der Hochzeit entschloß sich ihr Vater, der immer noch davon träumte, reich zu werden, mit seinen beiden Kindern und seiner neuen Frau nach Dubai zu gehen. Dort sah sich Lina neuen Schwierigkeiten gegenüber: „Dubai war völlig anders als Beirut und Damaskus. Frauen waren auf der Straße so gut wie inexistent. Wenn wir das Gymnasium verließen, stießen wir immer auf eine Gruppe junger Burschen, die mit uns sprechen und uns Liebesbriefe übergeben wollten. Zu meinem großen Erstaunen stellte sich eines Tages ein Sudanese vor und hielt um meine Hand an. Er war unser Nachbar, bereits verheiratet und Vater von vier Kindern. Ein anderer reicher Mann von 45 Jahren erklärte gleichfalls, daß er mich heiraten wolle. Ich habe natürlich beide abgelehnt, und dies brachte meine Stiefmutter noch mehr gegen mich auf, denn sie wollte, daß ich so schnell wie möglich das Haus verließ."

In diesen „schwarzen Jahren", in denen sie den täglichen Schikanen ihrer Stiefmutter ausgesetzt war, fand Lina Tibi Trost in der Literatur. Der erste Text, den sie schrieb, war eine Novelle, in der sie die Leiden zweier Kinder – eines Mädchens und eines Jungen – beschrieb, die von einer haßerfüllten und strengen Stiefmutter terrorisiert wurden: „Mit dieser Novelle, die ich in unserer Schülerzeitung veröffentlichte, sprach ich von meiner eigenen Situation und der meines Bruders. Meine Stiefmutter bedrohte uns ständig, verachtete und mißhandelte uns. Mein Vater, der viel älter war als sie, schlug und erniedrigte uns, nur um sie zufriedenzustellen. Unter ihrem Druck weigerte er sich, uns irgendetwas zu kaufen, mit uns auszugehen – ja sogar, uns anzuhören. In seinen Augen hatten wir immer Unrecht. Es war die Hölle."

Allmählich wurde Lina immer mehr vom Fieber des Schreibens ergriffen. Von nun an schrieb sie ständig – wo immer sie sich auch befand: in ihrem Zimmer, im Bus, mit dem sie zur Schule fuhr und sogar auf der Toilette. Sie hatte das Gefühl, daß das Schreiben das einzige Mittel war, um sich von dem Haß zu befreien, der sie umgab und erstickte – der einzige

Schrei, den sie der Bosheit der anderen entgegenschleudern konnte, die beste Waffe, um die Angst, die Einsamkeit und die Alpträume der weißen Nächte zu besiegen: „Mein Vater zerriß alles, was ich geschrieben hatte, doch ich ließ mich dadurch nicht entmutigen. Um ihm die Stirn zu bieten, fing ich an, meine Gedichte auf meine Beine zu schreiben!"

1979 kehrte Lina Tibi nach Beirut zurück, um sich wieder den *Murabitun* anzuschließen. Sie wurde Mitglied der Arabischen Frauenunion *(Association des Femmes Arabes)* und der Vereinigung der arabischen Jugend *(Union de la Jeunesse Arabe)*. Sie arbeitete in dieser Zeit beim libanesischen Roten Kreuz und veröffentlichte gleichzeitig ihre ersten Gedichte in verschiedenen libanesischen Zeitungen: „Zum ersten Mal fühlte ich mich wieder frei und glücklich!"

Im Juni 1982 fiel die israelische Armee in den Libanon ein und belagerte Beirut. Das zwölfstöckige Haus, in dem Lina mit ihrer Familie wohnte, wurde eine Woche nach der Invasion zerstört. Nun war sie ohne Obdach, doch sie blieb trotzdem unbeirrt und hartnäckig. Die *Murabitun*-Bewegung hatte sie damit beauftragt, die Verwundeten zu versorgen, Lebensmittel an die betroffenen Familien zu verteilen und Kontakte zu Presse und internationalen Organisationen herzustellen. Bis zum Schluß erfüllte sie ihre Aufgabe mit Mut und Selbstlosigkeit. In jener schwierigen Zeit, da der Tod Beirut und seine Bewohner wie eine schwarze Woge verschlang, verliebte sie sich in einen jungen syrischen Dichter. Zusammen mit ihm ging sie nach Zypern, sobald die Palästinenser angefangen hatten, sich aus Beirut zurückzuziehen. Vier Jahre später, es war im Herbst 1986, kamen sie zusammen mit ihrem zweijährigen Kind in London an, wo sie seither leben.

Ihren ersten Gedichtband mit dem Titel „Eine Sonne in einem Schrank" veröffentlichte Lina Tibi 1989 – ein Buch, in dem der Tod allgegenwärtig ist. „Ich kann dies nur mit den Erfahrungen erklären, die ich während des libanesischen Bürgerkriegs gemacht habe und während der israelischen Invasion. Aber ich glaube auch, daß der Tod mich seit meiner Kindheit beschäftigt hat. Ich hatte immer das Gefühl, daß er mir sehr nahe ist, und der Gedanke an ihn hat mich mehr als alles andere gequält.

Im zweiten Gedichtband Lina Tibis, „Selbstporträt", erschienen 1994, ist das vorherrschende Thema das Exil: „Dieser Band reflektiert meine Erfahrungen in London, einer Stadt, die ich liebe – und auch wieder nicht. Ich liebe London, weil ich mich hier frei fühle und in keiner Weise überwacht wie etwa in einer arabischen Stadt. Außerdem hat London ein überaus reiches kulturelles und künstlerisches Leben. Ich kann in die Museen gehen, vor allem in die Tate Gallery, kann Konzerte besuchen, im Hyde Park spazierengehen, was ich sehr liebe, besonders im Herbst. Warum ich London nicht liebe? Weil es eine graue, neblige und kalte Stadt ist. Und ich, die ich im Orient aufgewachsen bin, habe immer Sehnsucht nach dem Licht, dem Meer und nach den blühenden Orangenbäumen. Hin und wieder treffe ich Engländer, die mich fragen, ob ich Französin sei. Wenn ich ihnen antworte, daß ich eine arabische Frau aus Syrien bin, scheinen sie alle sehr erstaunt. Und sofort bombardieren sie mich mit völlig idiotischen Fragen: Ob mein Mann mehrere Frauen habe? Ob sich die Araber immer noch auf Kamelen fortbewegten? Warum ich nicht verschleiert sei etc. Das bringt mich natürlich zum Lachen, aber gleichzeitig macht es mich auch sehr traurig. Und ich glaube, daß die Gedichte meines zweiten Bandes mein Leben und meine Erlebnisse in London am besten widerspiegeln."

Im vergangenen Jahr veröffentlichte Lina Tibi einen dritten Gedichtband. Er heißt „Hier lebe ich": „In diesen Gedichten bin ich in meine Vergangenheit zurückgekehrt, in meine Kindheit in Damaskus, in Beirut, in Kuwait und in Dubai. Ich kann also sagen, daß die Gedichte dieses Bandes fast ausschließlich autobiographisch sind. Manche Kritiker waren der Meinung, daß ich in diesem Band sehr stark von den mystischen islamischen Dichtern beeinflußt sei. Und ich glaube, sie haben recht. Denn bevor ich anfing, die Gedichte von „Hier lebe ich" zu schreiben, habe ich viele mystische Dichter gelesen, vor allem Hallağ, Gamal Eddin al-Rumi, Ibn al-Faridh,

Ibn Arabi und viele andere. Die Lektüre dieser großen mystischen Dichter hat mich gewiß sehr stark geprägt."

Wir gehen in ein kleines, ruhiges Café in der Nähe der Buchhandlung „Al Kaschkul", in der sie seit einigen Jahren arbeitet. Lina spricht fast drei Stunden lang und raucht eine Zigarette nach der anderen: „Was mich betrifft, ich bin der Meinung, daß die arabische Frau kämpfen muß um ihre Rechte. Wenn sie heute noch erniedrigt, mißhandelt, eingesperrt und geschlagen wird, so ist sie selbst für diese Situation verantwortlich – nicht nur der Mann. Aus diesem Grund habe ich in allen meinen Gedichten niemals versucht, nur die Stimme der Frau zu sein. Ich habe niemals an das geglaubt, was manche Literaturkritiker ‚Frauenliteratur‘ nennen. Für mich ist die Literatur, das Schreiben, ‚l'écriture‘" – wiederholt sie – „unteilbar!"

Nach einer kurzen Pause fährt sie fort: „Ich verfolge mit großem Interesse die neue Poesie in der arabischen Welt. Gewisse Dichter – Männer wie Frauen – gefallen mir außerordentlich gut. Ich finde ihre Poesie sehr echt, sehr unverfälscht und stark. Die arabische Dichtung ist meiner Meinung nach auf dem Weg, sich auf erstaunliche Weise zu erneuern. Für mich ist das ein gutes Zeichen, denn ich glaube, nur die Poesie kann dem Menschen Hoffnung, Liebe, Selbstvertrauen und die Kraft verleihen, die es ihm möglich macht, die Probleme der Gegenwart und der Zukunft zu meistern!" Sie hebt ihr Glas und sagt mit einem verschmitzten Lächeln: „Es lebe die Poesie!"

Die Blume des Propheten

Die irakische Schriftstellerin Salema Salih

> Ich weiß, daß ich eines
> Tages zurückkehren
> werde, um die Margeriten
> unter der Uhr des
> Postamtes zu suchen, den
> Weg, der durch die
> Kornfelder zum Bahnhof
> führt, und die
> Marmorsäulen im
> Innenhof eines Hauses,
> das einmal unseres
> war ... Aber ich weiß,
> daß ich nichts von
> alledem wiederfinden
> werde ...
> *Salema Salih*

Das Viertel in Ostberlin, in dem ich an diesem Nachmittag nach ihrem Haus suche, ist ausgesprochen trist – verfallene Gebäude ohne jeden Charme. Graue, schmutzige Mauern. Ein paar Alte mit bleichen, ängstlichen Gesichtern mustern mich mit mißtrauischen Blicken. Es ist fast die gleiche Atmosphäre, wie sie in manchen von nordafrikanischen Immigranten bewohnten Gegenden in Marseille oder Paris herrscht.

Im fünften Stock des Gebäudes (links, wie man mir am Telephon gesagt hatte) läute ich. Die Frau, die mir die Tür öffnet, ist klein, rundlich, mit kurzen Haaren. In ihren – leicht mongolisch geschnittenen – dunklen Augen ist jene Trauer, die ich in den letzten Jahren in allen irakischen Gesichtern entdeckt

Salema Salih

habe. Eine Trauer, die den Schmerz verrät über all das Leid, das dem irakischen Volk widerfahren ist, seitdem Saddam Hussein die Macht im Lande ergriffen hat.

Die Wände des Wohnzimmers sind voller Bücher. Sobald ich es mir dort bequem gemacht habe, kommt Salema Salihs Ehemann zur Tür herein. Es ist der Dichter Fadhil al-Azzawi, der nicht nur im Irak, sondern in der ganzen arabischen Welt einen großen Namen hat. Er gehörte zu den profiliertesten Köpfen der avantgardistischen Bewegung, hat viele Jahre im Gefängnis verbracht und lebt seit 1977 – wie viele seiner Landsleute – mit seiner Frau im Exil.

Wir reden ein wenig über seine Arbeit. Sein nächstes Buch will er auf Deutsch schreiben. „Warum nicht?" sagt er und wendet sich seiner Frau zu. „Salema hat mich dazu ermutigt, denn sie hat selbst einige ihrer Novellen ins Deutsche übersetzt. Sie war es auch, die mir beigebracht hat, mit dem Computer zu arbeiten."

Wir kommen auf die aktuelle Situation des Irak zu sprechen, und Fadhil al-Azzawi gerät in Rage: „Saddam und seine Bande haben das Land ruiniert. Ein ganzes Jahrhundert reicht nicht aus, um die Erinnerung an die entsetzlichen Verbrechen auszulöschen, die dieser Tyrann begangen hat und immer noch begeht." Fadhil al-Azzawi springt von seinem Stuhl auf, nimmt eine arabische Zeitung von seinem Schreibtisch. „Lies das!" sagt er. Es ist ein Kommuniqué des irakischen Kultur- und Informationsministeriums, das den Irakern strikt verbietet, die Werke gewisser Autoren zu lesen und zu verbreiten. Auch Fadhil al-Azzawis Name steht auf der Liste. „Soweit ist es mit uns gekommen", sagt er mit zitternder Stimme. „Doch wenn ich darüber spreche, rege ich mich nur auf. Zudem hat heute Salema das Wort. Ich ziehe mich also besser zurück", sagt er und verschwindet in seinem Arbeitszimmer.

„Womit sollen wir anfangen?" fragt Salema, nachdem sie mir einen Tee und einen Cognac eingeschenkt hat.

„Mit deiner Kindheit", sage ich.

Sie lächelt, fixiert mich mit ihren schwarzen traurigen Augen: „Ich liebe es, von meiner Kindheit zu reden. Im übrigen geht es in meinem letzten Buch, das gerade in Damaskus erschienen ist, nur um dieses Thema."

Mossul, die Hauptstadt des Nordirak am Zusammenfluß von Euphrat und Tigris, wird wegen ihrer Fruchtbarkeit und des milden Klimas von den Irakern *Umm ar-Rabbiain* – Mutter der beiden Frühlinge – genannt. Früher einmal, vor allem im Goldenen Zeitalter des Islam unter den Abbasiden, war die Stadt als wichtige Handelsmetropole das Herzstück des Irak und die Brücke zwischen Orient und Okzident. In dieser berühmten Stadt wurde Salema Salih 1942 geboren. Ihre Mutter war eine zutiefst religiöse Frau, während der Vater, ein Kaufmann, ein sehr viel distanzierteres Verhältnis zur Religion hatte. Er war offenherzig und tolerant, liebte die klassische arabische Poesie. „Mein Vater war mein erster Lehrmeister. Er war es, der mich in die Poesie und die Literatur ganz allgemein eingeführt hat. Im Gegensatz zu vielen Männern unserer Stadt hat es ihn in keiner Weise gestört, fünf Töchter und nur zwei Söhne zu haben. Ich glaube, daß er sogar stolz war, ein *Abu al-'banat*, wie man bei uns sagt, das heißt ein ‚Vater von sehr vielen Töchtern‘, zu sein."

Inmitten dieser großen Familie, die weder reich noch arm war, verbrachte Salema eine glückliche Kindheit. „Mossul war eine sehr traditionalistische Stadt. Die Frauen verließen kaum das Haus. Als junges Mädchen habe ich immer wieder die folgende Geschichte gehört: Eine Frau, die sich zu Hause sehr langweilte, bat ihren Ehemann eines Tages um die Erlaubnis, ein wenig spazierengehen zu dürfen. ‚Aber was willst du draußen denn machen?‘ fragte der Ehemann. ‚Ich möchte die Wiesen sehen, möchte mich gerne ins Gras legen!‘ antwortete die junge Frau. Der Ehemann verschwand für einen Augenblick. Dann kam er zurück mit einem großen Sack voller Gras. ‚Du willst die Wiesen sehen, dich ins Gras legen ... hier ist das Gras. Du kannst dich darauflegen, wenn du willst!‘, sagte der Ehemann zu seiner Frau."

Salema bricht in schallendes Gelächter aus und sagt: „In meiner frühen Kindheit, bevor ich in die Schule kam, machte ich lange Spaziergänge durch die Felder, die Mossul umgaben."

Sie spielte an den Ufern des Flusses, lauschte dem Gesang der Vögel, liebte die Blumen in den weiten Feldern. Doch ihre Lieblingsblume war die Margerite. Die Leute von Mossul nannten sie „die Blume des Propheten" und erzählten, der Prophet Mohammed habe eines Tages gerade ein Ei gegessen, als plötzlich ein kleines Stückchen vom Eigelb und vom Eiweiß auf die Erde fiel. Ein paar Minuten später blühte an dieser Stelle eine wunderschöne Margerite auf. Manchmal träumte Salema, selbst eine Margerite geworden zu sein.

Die junge Salema war eine begeisterte Leserin; vor allem die Romane ägyptischer und libanesischer Schriftsteller las sie. „Das mußte ich natürlich heimlich tun, denn in Mossul waren junge Leute, die andere Bücher als Schulbücher lasen, sehr schlecht angesehen." Sie war ungefähr dreizehn, als sie ihr erstes Gedicht schrieb. Als sie es ihrer Lehrerin zeigte, fragte diese erstaunt: „Wo hast du das abgeschrieben?" Nach diesem ersten Versuch und trotz der Reaktion ihrer Lehrerin schrieb sie mit großer Begeisterung weiter. „Aber ich wagte es nicht mehr, meine Gedichte irgend jemandem zu zeigen. Ich hatte keine Angst, es war vielmehr das Gefühl, daß die Zeit dafür noch nicht reif war."

Im Juli 1958 wurde der Irak durch einen gewaltigen Volksaufstand erschüttert. Der kaum 23jährige König Faisal II. wurde zusammen mit zahlreichen Mitgliedern seiner Familie erschossen, der Regierungschef Nur as-Said in den Straßen Bagdads von der wütenden Menge gelyncht. Abdul Karim Qasim, ein Oberst der Armee, übernahm die Macht und rief die Republik aus. Wie alle jungen Leute ihrer Generation hatte Salema die Revolution begeistert begrüßt in der Hoffnung, sie würde ihr Land auf den Weg des Fortschritts und der Demokratie führen. „Das ganze Land war von einem Freudentaumel erfaßt. Alle glaubten, daß die Zeit der Angst, der Ungerechtigkeit, der Demütigungen und der Tyrannei für immer vorbei sei. Doch leider hielt dies nur ganz kurze Zeit an."

Schon wenige Monate später versank der Irak in einem Meer des Terrors und der blutigen Unterdrückung. Abdul Karim Qasim, ein skrupelloser Militär, lieferte seinen Rivalen – und selbst seinen kommunistischen Genossen – einen Kampf ohne Erbarmen. Die verschiedenen Oppositionsparteien (vor allem *Baathisten* und Kommunisten) brachten sich in einem blutigen Machtkampf gegenseitig um. Die Angst zog wieder ein in der Stadt. Die Minoritäten – vor allem Christen und Kurden, die bisher friedlich mit der übrigen Bevölkerung zusammengelebt hatten – fühlten sich immer mehr bedroht. „Niemand fühlte sich sicher. Da mein Bruder Kommunist war, lebte unsere ganze Familie in ständiger Unruhe. Ich hatte natürlich Angst, aber ich glaube, daß die harten Prüfungen, denen mein Land in jener Zeit ausgesetzt war, eine ganz wichtige Rolle gespielt haben im Prozeß meiner politischen und intellektuellen Reifung."

Nach dem Abitur bekam Salema Salih eine Stelle als Lehrerin an einer Volksschule. Doch ein Jahr genügte ihr, um festzustellen, daß sie für den Lehrerberuf nicht geschaffen war. Sie beschloß, nach Bagdad zu gehen, um dort an der Juristischen Fakultät ihr Studium fortzusetzen. Gleichzeitig arbeitete sie als Journalistin für den irakischen Rundfunk. „In Bagdad nahm mein Leben eine ganz neue Richtung. Ich machte ganz neue Erfahrungen, die eine entscheidende Rolle in meinen späteren Entscheidungen spielten. Als erstes befreite ich mich von der *Abaya*, dem traditionellen schwarzen Gewand, das den ganzen Körper bedeckt und nur das Gesicht frei läßt. Meine zweite Befreiungstat war, ins Kino zu gehen. Bis dahin hatte ich noch nie einen Film gesehen!"

Bereits mit 25 Jahren machte sie sich als Journalistin und Schriftstellerin einen Namen. Ihre Novellen und Artikel, in denen es um soziale, politische und kulturelle Probleme geht, stießen bei der irakischen Öffentlichkeit auf großes Echo – vor allem bei den Frauen und bei der jungen Generation. Sie knüpfte Verbindungen zu literarischen Kreisen, die nach dem Sturz Abdul Karim Qasims im Jahre 1963 aufblühten. „Am nächsten war mir die Gruppe junger Literaten, die sich in der neuen Kulturzeitschrift *Al-Qindil* (Die Lampe) zusammengefunden hatten. In dieser Zeitschrift publizierte ich einige Novellen, daneben auch Artikel und Reportagen. Und in der Redaktion von *Al-Qindil* lernte ich auch den Mann kennen, den ich später dann geheiratet habe . . .“

Die Liebesbeziehung zwischen Salema und Fadhil al-Azzawi verschaffte der jungen Schriftstellerin Zugang zu einer Gruppe junger Autoren, die damals – in den sechziger Jahren – als die radikalste innerhalb der literarischen Szene des Irak galt. Die meisten kamen aus Kirkuk, der Heimatstadt Fadhil al-Azzawis. Einige von ihnen hatten ihre Revolte gegen die politischen Verhältnisse, die religiösen und gesellschaftlichen Tabus mit Gefängnis, Folter, Arbeitslosigkeit und Hunger bezahlen müssen. Ihr Hauptbestreben war es, die traditionelle Kultur zu sabotieren mit dem Ziel, eine neue Sprache, eine neue Literatur zu schaffen, sich völlig von den überkommenen Mustern der irakischen beziehungsweise arabischen Literatur ihrer Zeit zu lösen. Da sie alle das Englische beherrschten, waren ihnen die verschiedenen avantgardistischen Strömungen in Europa wohlvertraut: „Es stimmt, daß ich sehr eng mit dieser Gruppe verbunden war. Aber ich bin trotzdem unabhängig geblieben, weil ich sehr bald erkannt habe, daß Unabhängigkeit für einen Intellektuellen etwas sehr Wichtiges, Wertvolles ist.“

1967 wurde Salema Salih Redakteurin der neuen Zeitung *Alif Ba*, die in kürzester Zeit zum meistgelesenen und auflagenstärksten Blatt des Irak wurde. Ungefähr zehn Jahre arbeitete sie bei *Alif Ba*. Und sie wagte es, Themen aufzugreifen, die in der irakischen Gesellschaft absolut tabu waren und die keiner ihrer männlichen Kollegen auch nur berührte. „Zum Beispiel gehen die Familienclans bis heute sehr nachsichtig mit ihren männlichen Mitgliedern um, die im Namen der Stammesehre ihre Frau, ihre Tochter, ihre Schwester, Schwägerin oder Cousine getötet haben. Im Namen dieser sogenannten ‚Ehre‘ wurden viele Frauen in unserem Lande umgebracht – erstochen oder erwürgt, ohne daß der Mörder bestraft wurde! Während der Zeit, in der ich bei *Alif Ba* gearbeitet habe, verging fast kein Tag, ohne daß ein solches Verbrechen aus ‚beschmutzter Ehre‘ begangen worden wäre, es war entsetzlich. Ich war die einzige, die dieses Problem nicht totschwieg und die zuständigen juristischen Institutionen aufforderte, ein Gesetz zu erlassen, das diesen scheußlichen Verbrechen ein Ende bereitete. Mein Artikel löste natürlich eine Welle der Empörung unter den Hütern der Religion, den Clanchefs und – zu meinem großen Erstaunen – unter einigen Ministern aus, die immer vorgegeben haben, laizistisch zu sein!" (Im Frühjahr 1993 erließ Saddam Hussein ein neues Gesetz, das die Tötung weiblicher Angehöriger aus ‚verletzter Ehre' ausdrücklich sanktionierte, das heißt für straffrei erklärte. A. d. Ü.)

1974 hatte Salema Salih ihren zweiten Novellen-Band veröffentlicht (ihr erster war erschienen, bevor sie Mossul verlassen hatte), dem 1975 ein dritter folgte, der in Damaskus erschien. Mit diesen beiden Novellensammlungen hat sich Salema Salih ihren Platz unter den bedeutendsten irakischen Schriftstellern erobert.

Doch die politische und kulturelle Situation im Irak verschlechterte sich. Der harte Flügel der *Baath*-Partei – der seit 1968 an der Macht und dessen Chef kein anderer als Saddam Hussein, der ehemalige Vizepräsident, war – zeigte seine Krallen gegenüber den übrigen Oppositionsparteien sowie auch den gemäßigten Kräften innerhalb der eigenen Partei. Saddam Hussein und seine Clique hatten es vor allem auf die „Nationale Front" abgesehen, zu der außer der Baath auch kommunistische, nationalistische und kurdische Gruppierungen zählten. 1977 hatte Saddam Hussein alle seine Gegner und Rivalen ausgeschaltet und damit die Hände frei, seine Pläne durchzusetzen, die den Irak in jene verhängnisvolle Despotie führten, die bis heute andauert.

Aus Furcht vor Repressionen verließen Hunderte von Irakern das Land, um im Exil zu leben. Es waren vor allem Intellektuelle – Schriftsteller, Dichter, Journalisten und engagierte Politiker. Unter ihnen war auch Salema Salihs Ehemann Fadhil al-Azzawi. Ein Stipendium des Journalistenverbandes ermöglichte es ihm, in Leipzig sein Studium fortzusetzen. Ein Jahr später folgte ihm seine Frau mit dem 1976 geborenen Kind nach: „Es blieb uns keine andere Wahl. Wer konnte, floh ins Ausland. Wie Ertrinkende sich an eine im Meer treibende

Holzplanke klammerten, so ergriffen wir die erste Gelegenheit, um unsere Haut zu retten. Doch niemals hätten wir gedacht, daß unser Exil so lange dauern würde!"

In Leipzig, wo sie mit ihrem Mann und ihrem Sohn bis 1984 lebte, promovierte Salema. Wie kam sie mit dem sozialistischen Regime zurecht? „Ich war, bevor ich den Irak verließ, niemals Kommunistin. Ich war – und bin es immer noch – eine Anhängerin der demokratischen Linken. Ich gehörte niemals einer politischen Partei an. Als ich nach Leipzig kam, hatte ich nur ein einziges Ziel im Auge: der Diktatur zu entfliehen. Während der ganzen Jahre, die ich in Leipzig und später in Ostberlin verbrachte, blieb ich immer auf Distanz. Im übrigen war das einzige, was mich interessierte, die Situation in meinem Land!"

Wie hat sie die Jahre des Exils erlebt? „Es war sehr schwer. Was mich besonders traurig machte, war, daß mein Sohn heranwuchs, ohne jemals sein Heimatland gesehen zu haben. Ich habe, trotz allem, viel gearbeitet, vor allem geschrieben. Schreiben ist das einzige, was mir Erleichterung bringt, was mir hilft, mit meinen Ängsten und den Schwierigkeiten des Exils fertig zu werden. Ich habe viele literarische Pläne. Aber im Augenblick habe ich keinen anderen Wunsch, als Geduld zu haben, um das Unglück meines Landes ertragen und um alle Projekte verwirklichen zu können, die ich im Kopf habe . . ."

Nur das Schreiben hat mich gerettet

Die ägyptische Schriftstellerin Salwa Bakr

> Nur das Schreiben hat mich vor den
> Enttäuschungen gerettet, an denen
> ich fast zerbrochen bin.
> *Salwa Bakr*

Das Viertel *Az-Zaituna* mitten in Kairo, in dem Salwa Bakr geboren wurde, erinnert an die Stadtteile in Altkairo, die Nagib Machfus in seiner berühmten Trilogie und in vielen seiner anderen Romane der vierziger Jahre so eindrucksvoll beschrieben hat. Es ist ein Viertel, in dem Ende des 19. und Anfang des 20. Jahrhunderts die angesehenen türkischen Aristokratenfamilien zu wohnen pflegten, und das in der Zeit zwischen den beiden Weltkriegen zu einem Zentrum des Kosmopolitismus wurde. Christliche Kopten, Juden, Armenier und konservative Muslime aus Oberägypten wohnten dort in friedlicher Eintracht zusammen. Viele berühmte Regisseure drehten hier ihre Filme.

Salwa Bakrs Vater war schon vor ihrer Geburt gestorben. Sie war das vierte Kind, und ihre Mutter war gerade erst 28 Jahre alt. Ihr fiel es also nach dem Tod ihres Mannes zu, die Kinder – zwei Buben und zwei Mädchen – alleine zu erziehen und für ihren Unterhalt zu sorgen. „Meine Mutter, die bis zu ihrem 13. Lebensjahr eine französische Schule besucht hatte, war eine ziemlich strenge Frau. Sie gab uns immer das Gefühl, daß sie nicht nur die Mutter, sondern auch der Vater war. Sie kontrollierte uns auf Schritt und Tritt und legte großen Wert darauf, daß wir die Sitten des Landes und die religiösen Vorschriften respektierten."

Wie alle Kinder ihrer Generation stand Salwa Bakr schon während ihrer Schulzeit unter dem Einfluß der Revolution der „Freien Offiziere" unter Gamal Abdel Nasser und dem Sturz der Monarchie im Jahre 1958. „Es war in jener Zeit üblich, die Schulklassen in den Palast des vertriebenen Königs Faruk zu führen, um ihnen vor Augen zu führen, in welchem Luxus der Monarch auf Kosten des Volkes gelebt hatte. Jeden Morgen sang Salwa im Schulhof, zusammen mit ihren Klassenkameradinnen, mit großer Begeisterung die Hymne der Revolution. Sie nahm regelmäßig an den großen Demonstrationen teil, die das Regime Nassers im Zentrum von Kairo organisierte, um Amerika wegen seiner Unterstützung Israels und Frankreich wegen seiner Algerienpolitik zu verdammen oder aber um Fidel Castro, Lumumba oder die jemenitischen Republikaner zu unterstützen.

„Die Politik", erinnert sich Salwa Bakr, „gehörte damals zum täglichen Brot aller Ägypter – ohne Unterschied. Selbst wir Kinder nahmen an den politischen Problemen unseres Landes wie auch anderer Länder der Dritten Welt regen Anteil. Ich war noch keine zehn Jahre alt, als ich über das Palästinaproblem, über Kuba und Algerien genau Bescheid wußte. Meine Lieblingslieder waren patriotische Lieder. Ich war begeistert von Nasser und hörte alle seine Ansprachen im Radio. Als die Alliierten nach der Nationalisierung des Suezkanals Ägypten angriffen, habe ich tagelang geweint."

Neben der Politik war ihre zweite Leidenschaft die Literatur. Sie verschlang alles, was ihr in die Hände kam. „Meine Onkel, die im gleichen Viertel wohnten und sehr kultiviert waren, hatten eine riesige Bibliothek. Wenn ich den großen Salon betrat, in dem sie untergebracht war, hatte ich das gleiche erhebende Gefühl, wie wenn ich die Moschee oder einen anderen geheiligten Ort besuchte. Ich verbrachte Stunden um Stunden dort mit Lesen und dem Stöbern in den Büchern. Nach dem Tod meiner Onkel haben ihre Ehefrauen diese wertvolle Bibliothek auf dem Flohmarkt verkauft. Dieser Tag ist und bleibt einer der schwärzesten und traurigsten meines Lebens!"

Salwa Bakr

In der Bibliothek ihrer Onkel las die junge Salwa die klassischen Werke der arabischen Literatur wie „Tausendundeine Nacht", „Kalila und Dimna" und viele Bücher zeitgenössischer und ausländischer Autoren. In ihrer Jugend entdeckte sie Nagib Machfus und Yusuf Idris, die ihre Lieblingsautoren wurden. „Ende der fünfziger und Anfang der sechziger Jahre gab es in Ägypten ein reiches kulturelles Leben. Die Übersetzertätigkeit aus den europäischen Sprachen erlebte damals eine nie dagewesene Blüte. Dies ermöglichte uns den Zugang zu Autoren wie Cervantes, Balzac, Shakespeare, Goethe, Camus, Sartre, Hemingway und Virginia Woolf, ebenso wie zu vielen anderen klassischen und modernen Schriftstellern. Die großen Tageszeitungen wie der *Ahram* veröffentlichten die Romane und Novellen neuer Autoren. Auf diese Weise habe ich Nagib Machfus und Yusuf Idris entdeckt. Schon damals hatte ich ein großes Bedürfnis, selbst zu schreiben. Ich fing also an, eine ganze Menge zu dichten – Texte, die ich dann wieder zerriß."

Noch während sie die Romane von Nagib Machfus und die Novellen von Yusuf Idris verschlang, fiel ihr ein Buch von Sayyed Kotb, dem Begründer der ägyptischen Muslimbruderschaft, in die Hand, der 1965 von Nasser zum Tode verurteilt und hingerichtet worden war. Sie war von dieser Schrift so begeistert, daß sie beschloß, den Schleier zu tragen. „Ich muß dazu sagen, daß ich für einen solchen Entschluß irgendwie disponiert war. Trotz meiner ausgedehnten weltlichen Lektüre waren die religiösen Gefühle, die man mir seit meiner Kindheit vermittelt hatte, in mir noch sehr lebendig. Meine Mutter, die sehr gläubig war, hat mir immer wieder eingeredet, daß nur der Islam die menschliche Seele retten könne. Die Lektüre der Schriften Sayyed Kotbs hat diese religiösen Gefühle in mir wiedererweckt und noch vertieft. So kam es, daß ich von heute auf morgen den Schleier nahm und anfing, allen anderen Autoren zu mißtrauen. Glücklicherweise hat dies nicht länger als ein paar Monate gedauert!"

Die Niederlage Ägyptens und der übrigen arabischen Länder im Juni-Krieg von 1967 hatte tausend Träume und Hoffnungen zunichte gemacht. Die Generation, zu der Salwa Bakr gehörte, und die mit der nasseristischen Revolution und ihren Versprechungen herangewachsen war, fand sich tief enttäuscht und verlor jegliche Orientierung. „Wie alle jungen Leute meiner Generation habe ich fest an die Revolution geglaubt. Ich war überzeugt, daß sie für soziale Gerechtigkeit sorgen und Israel besiegen würde, das die Palästinenser aus ihrer Heimat vertrieben und die Araber 1948 gedemütigt hatte. Und innerhalb von sechs Tagen schwanden all meine Hoffnungen dahin. Ich kam mir völlig verloren vor, verlassen in einer endlosen Wüste. Monatelang wußte ich überhaupt nicht mehr, was ich tun sollte. Weder wagte ich es, Radio zu hören, noch hatte ich den Mut, Zeitungen zu lesen. Meine Bewunderung für Nasser und seine Revolution gehörte der Vergangenheit an!"

Nach dem Abitur schrieb Salwa Bakr sich im Institut für Handel und Kommerz ein. Damals entdeckte sie den Marxismus und den Existenzialismus: „Zunächst interessierte ich mich sehr für die Existenzialisten. Ich las Sartre, Simone de Beauvoir, den ‚Mann in der Revolte' von Camus und vieles andere. Doch mit der Zeit fühlte ich mich immer mehr zum Marxismus hingezogen. Und nachdem ich einige Schriften von Karl Marx, Engels, Lenin und Mao Tse-tung gelesen hatte, glaubte ich, nur der Marxismus könne uns erretten aus der Hoffnungslosigkeit und dem Unheil, das uns im Juni 1967 zugestoßen war."

An der Universität von Kairo schossen die marxistischen Gruppen wie Pilze aus dem Boden. Marxistisches Gedankengut verbreitete sich dort wie ein Steppenbrand. Die Lieder von Scheich Imam, einem blinden kommunistischen Sänger, wurden von den begeisterten Studenten während der häufigen Zusammenstöße mit den Sicherheitskräften auf den Straßen der Stadt gesungen. Salwa Bakr, die nach dem langen Marsch durch die ideologische Wüste glaubte, endlich ihren Weg gefunden zu haben, verschrieb sich mit Haut und Haaren der marxistischen Ideologie und schloß sich der studentischen Protestbewegung an. Sie hielt flammende Reden gegen das Sadatregime, sammelte Spenden für die Familien politischer Gefangener, nahm teil an Diskussionen mit Arbeitern und kommunistischen Funktionären. Sie klebte Plakate Lenins als Volksredner während der russischen Revolution von 1917 an. „Meine Mutter machte sich große Sorgen über meine marxistischen Aktivitäten. Sie weinte, schrie und drohte mir – ohne jeglichen Erfolg. Ich war wie verhext. Ich muß zugeben, daß der Marxismus mir damals sehr geholfen hat, mich von der besitzergreifenden Art meiner Mutter und ihren konservativen Ansichten, die ich bis dahin rigoros abgelehnt hatte, zu befreien. Er hat mir auch geholfen, den Einfluß, den die Ideen Sayyed Kotbs zu jener Zeit auf mich hatten, völlig auszulöschen und die bittere Niederlage von 1967 zu vergessen. Zum ersten Mal in meinem Leben fühlte ich mich frei, ausgeglichen, unabhängig und vergnügt!"

Nachdem sie ihr Studium am Institut für Handel und Kommerz mit dem Diplom abgeschlossen hatte, schrieb sie sich an der Schauspielschule ein. Sie wollte Schauspielerin werden und glaubte, nur durch das Theater einen direkten Kontakt zur Öffentlichkeit, zum Publikum zu bekommen. „Mein schauspielerisches Talent hatte ich in der Zeit entdeckt, als ich mich der Studentenbewegung angeschlossen hatte. Vorher war ich sehr schüchtern. Ich konnte mir nicht vorstellen, vor zehn oder zwanzig Personen zu sprechen. Und auf einmal stand ich ohne jegliche Hemmung vor Tausenden von Studenten. Ich hatte sogar das Gefühl, daß ich sie ganz nach meinem Willen manipulieren konnte. Das war etwas Außergewöhnliches! Außerdem hatte ich Brecht und die Stücke von Yusuf Idris gelesen, die mich sehr beeindruckt haben. Durch sie habe ich entdeckt, daß das Theater ein sehr wirksames Forum ist, um die Massen zu erobern." Doch die Ernüchterung ließ nicht lange auf sich warten. Einmal mehr war sie enttäuscht und deprimiert. Der Grund lag nicht so sehr im Marxismus selbst, als vielmehr in den Marxisten, vor allem den Männern. „Schritt für Schritt mußte ich erkennen, daß die ägyptischen Marxisten keinerlei Beziehung zur Realität hatten. Ihre Taten standen in krassem Gegensatz zu ihren Ideen. Sie redeten Tag und Nacht über die Emanzipation der Frau. Doch sobald sich einer von ihnen allein mit einer Frau in einem Zimmer befand, benahm er sich wie der schlimmste Reaktionär. Wenn eine Frau mit einem von ihnen ins Bett ging, so wurde sie am nächsten Tag fallengelassen, und man behandelte sie wie eine Nutte der übelsten Sorte. Das brachte mich wirklich in Rage. Ich ging also auf Distanz zu den Marxisten, obwohl der Marxismus für mich nach wie vor einen Weg zum sozialen, ökonomischen, politischen und kulturellen Fortschritt darstellte."

Nach dieser zweiten Enttäuschung nahm Salwa Bakr wieder Zuflucht zur Literatur. Sie hatte inzwischen die klassischen russischen Autoren wie Tolstoi, Dostojewski, Turgenjew, Gogol und – vor allem – Tschechow gelesen und einige Novellen geschrieben. Doch sie war unzufrieden. „Mit Sadat war Ägypten in einen unkontrollierten ökonomischen Liberalismus hineingeschlittert, wobei im politischen Bereich Despotismus und Willkür herrschten. Die Gräben zwischen den gesellschaftlichen Klassen wurden immer tiefer. Die Kultur hatte keinerlei Einfluß mehr auf die Gesellschaft. Die Übersetzertätigkeit schlief praktisch ein. Viele Intellektuelle, vor allem die Linken, ließen sich mit Petrodollars kaufen. Für mich entstand eine völlige Leere, die absolute Hoffnungslosigkeit. Also beschloß ich, von Ägypten wegzugehen, zu fliehen. Beirut schien mir das geeignete Ziel zu sein."

1979 kam Salwa Bakr mit einem kleinen Koffer und vielen Ideen in Beirut an. Sie träumte vor allem davon, in dieser schon seit vier Jahren vom Bürgerkrieg gezeichneten Stadt die „wahren Revolutionäre" zu finden, die zu treffen sie immer gehofft hatte. „Trotz aller Enttäuschungen, die ich bis dahin erlebt hatte, blieb die palästinensische Revolution für mich und die meisten jungen Leute meiner Generation die einzige Hoffnung auf eine politische und kulturelle Veränderung in der arabischen Welt. Dies war auch einer der Gründe, weshalb ich beschlossen hatte, nach Beirut zu gehen. Ich wurde von den Palästinensern, die sich mit Sadat nach dessen Versöhnung mit Israel völlig überworfen hatten, sehr gut aufgenommen. Sehr bald fand ich einen Job in einer ihrer Zeitungen und heiratete einen syrischen Maler. In jener Zeit veröffentlichte ich zahlreiche Novellen in palästinensischen und libanesischen Literaturzeitschriften. Aber auch von der palästinensischen Revolution war ich sehr bald enttäuscht, ebenso wie vom kulturellen Leben Beiruts, das ich künstlich und wirklichkeitsfremd fand – losgelöst von jeglichem Interesse für die Menschen, die unter den Bomben und Greueln des Bürgerkriegs starben und litten. Von diesem Augenblick an habe ich begriffen, daß nur das Schreiben mich vor den Enttäuschungen würde retten können, an denen ich fast zerbrochen bin!"

Einige Monate vor der israelischen Invasion des Libanon 1982 übersiedelte Salwa Bakr mit ihrem Mann nach Zypern. Sie blieben ein Jahr dort und gingen dann für zwei Jahre nach Tunesien. Als Salwa Bakr 1987 nach Ägypten zurückkehrte, hatte sie gerade einen Novellenband mit dem Titel „Eine Frau beim Begräbnis des Präsidenten" veröffentlicht. In diesem Band geht es fast nur um Frauen – geschiedene Frauen, Frauen, die ihrem Schicksal überlassen werden, nachdem sie den Männern wie Sklaven gedient haben, Witwen, die ihre zahlreichen Kinder alleine durchbringen müssen, verheiratete Frauen, die von ihren Männern völlig vernachlässigt werden. „Warum habe ich Frauen als Protagonisten meiner Novellen gewählt? Einfach deshalb, weil ich glaube, Frauen besser zu kennen als Männer, und zwar aus zweierlei Gründen: Erstens gab es nach dem Tod meines Vaters praktisch keinen Mann mehr in unserem Haus. Zweitens hat meine Mutter, nachdem sie Witwe geworden war, die Männer gemieden wie die Pest und auch mir, aus Angst um meine Ehre, verboten, mich ihnen zu nähern. Im übrigen glaube ich, daß die einfache Frau das Bild der ägyptischen Gesellschaft am besten widerspiegelt."

Im Anschluß an einen Streik in einer Fabrik nahe Kairo wurde Salwa Bakr 1989 zusammen mit mehreren andern Intellektuellen verhaftet. Drei Monate verbrachte sie im Gefängnis, bevor sie aus Mangel an Beweisen freigesprochen wurde. „Es war eine völlig willkürliche Verhaftung, denn in jener Zeit hatte ich mit meiner Vergangenheit als militante Marxistin schon längst gebrochen und unterhielt keinerlei Beziehungen mehr zu irgendeiner Partei oder politischen Bewegung. Die weiblichen Gefangenen, die wegen unterschiedlicher Delikte im Gefängnis waren, haben mich sehr gut behandelt. Sie kochten mir Tee und erzählten mir ihr Leben. Ich kann sagen, was ich in diesen Wochen gesehen und gehört habe, ging über jede Vorstellungskraft hinaus. Nachdem ich entlassen worden war, habe ich sofort angefangen, einen Roman zu schreiben, der von dieser Erfahrung inspiriert war." Der Titel des Romans ist „Ein goldener Wagen fährt nicht in den Himmel". Die Hauptpersonen sind sechzehn Frauen im Gefängnis. Eine von ihnen, Aziza, die den Mann ihrer Mutter umgebracht hat, schlägt den Frauen vor, in einem goldenen Wagen zum Himmel zu fahren. Bei den Vorbereitungen zu dieser Fahrt, die niemals stattfinden wird, erzählt jede der Frauen ihr Leben und gibt ihre intimsten Geheimnisse preis. Durch diesen allegorischen Ansatz ist es Salwa Bakr gelungen, die gesellschaftlichen Verhältnisse in Ägypten unter Sadat und seinem Nachfolger Hosni Mubarak zu beschreiben. „Ich bin eine realistische Schriftstellerin. Aber im Gegensatz zum sogenannten sozialen Realismus ist mein Realismus von Träumen, Mythen und Volksmärchen inspiriert. Für mich ist Kafka der Realist par excellence, während die sogenannten ‚realistischen' Schriftsteller der Stalin-Ära keinerlei Beziehung zur Realität haben. Erst im Gefängnis habe ich entdeckt, wie und worüber ich schreiben muß."

Salwa Bakr lebt heute mit ihren beiden Kindern in Kairo. Da er keinen Paß bekommt, kann ihr syrischer Ehemann Algerien nicht verlassen, wo er schon seit sechs Jahren lebt. „Ich habe Angst um ihn. Die algerischen Fundamentalisten sind dazu übergegangen, Intellektuelle und Künstler abzuschlachten. Wenn er ihnen eines Tages in die Hände fallen sollte, werden sie ihn nicht verschonen. Obwohl ich seit 15 Jahren mit ihm verheiratet bin, weigert sich die ägyptische Regierung kategorisch, ihn hierherkommen zu lassen. Da er zur Opposition gehörte, will auch die syrische Regierung nichts von ihm wissen. Ich habe mit Amnesty International Kontakt aufgenommen, doch bis jetzt habe ich nur sehr vage Versprechungen bekommen."

Wie beurteilt sie die fundamentalistische Bewegung in Ägypten? „Es ist die Schuld des Regimes, nicht nur in Ägypten, sondern in allen arabischen Ländern, die von diesem Flächenbrand betroffen sind. Wenn ein Regime darauf beharrt, dem Volk gegenüber eine extremistische Politik zu praktizieren, die selbst die elementarsten Bürgerrechte verhöhnt, muß sie damit rechnen, eine Opposition herauszufordern, die noch extremistischer ist als sie selber."

Die „Mutter Courage" Ägyptens

Die Schriftstellerin Latifa az-Zayet

> Es fällt den Menschen nicht leicht,
> hart gegenüber ihren Gefühlen zu sein
> und sich von allen Illusionen frei zu
> machen. Doch dies ist eine unbedingte
> Notwendigkeit für jeden, der wirkliche
> Verantwortung im Leben übernehmen will.
> *Latifa az-Zayet*

Im Sommer 1996 wurde der ägyptischen Schriftstellerin Latifa as-Zayet der „Prix des Lettres", der höchste Literaturpreis, den Ägypten zu vergeben hat, verliehen. Mit dieser Auszeichnung rückte Latifa az-Zayet in die Nähe der ganz großen Gestalten der ägyptischen Literatur, die vor ihr Träger dieses Preises gewesen waren: Taha Hussain, Nagib Machfus und Yusuf Idris. In ihrer Dankesrede brachte Latifa az-Zayet, deren literarisches und politisches Engagement die Geschichte Ägyptens in den letzten fünfzig Jahren tief geprägt hat, ihren Stolz und ihre Freude darüber zum Ausdruck, daß dieses Lebenswerk endlich öffentliche Anerkennung gefunden hatte: „Dieser Preis gibt mir große Kraft und läßt mich die Leiden und Prüfungen der Vergangenheit leichter ertragen." Die Entscheidung des ägyptischen Kultusministeriums wurde von den ägyptischen Intellektuellen, die durch den wachsenden Druck des fundamentalistischen Terrors eine schwierige Phase durchlaufen hatten, einstimmig begrüßt. Jaber Osfur, einer der bekanntesten Literaturkritiker des Landes, erklärte: „Latifa az-Zayet ist nicht nur eine Schriftstellerin von hohem Rang, sondern auch eine mutige politische Kämpferin. Während eines halben Jahrhunderts war sie aktiv an den wichtigsten historischen Ereignissen beteiligt. Sie verdient daher nicht nur diese höchste literarische

Auszeichnung – Latifa az-Zayet müßte zudem der Ehrentitel ‚Die Mutter Courage Ägyptens' verliehen werden."

Latifa az-Zayet wurde 1923 in Dumyat geboren, einer kleinen Stadt, in deren Nähe der Nil ins Mittelmeer mündet. Die ersten sechs Jahre ihrer Kindheit verbrachte sie im Haus ihres Großvaters, einem uralten, geräumigen Gebäude mit vielen Zimmern. Mit seinen acht Segelbooten trieb der Großvater Handel zwischen Ägypten, Syrien und der Levante. Schon als Kind hörte sie von der Großmutter phantastische Geschichten von Dschinnen, Monstern, edlen Prinzen, grausamen Königen und Seefahrern, die auf der Suche nach Ruhm und Reichtum weit aufs Meer hinausfuhren. Immer neue Geschichten erzählte die Großmutter – bis das Kind in ihren Armen einschlief. Zu den heimlichen Vergnügungen der kleinen Latifa gehörten Ausflüge auf die große Terrasse des Hauses. Dort verbrachte sie – singend und tanzend – viele Stunden. Bei jedem Luftsprung sah sie den Nil, der wie ein silbernes Band in der Sonne glitzerte. „Ich glaube, daß die große Liebe zu meinem Land schon damals entstand, dort auf der Terrasse des großen Hauses meiner Großeltern. Jedes Mal, wenn ich dort oben war, hatte ich das Gefühl, nicht nur auf meine Heimatstadt Dumyat zu blicken, sondern auf ganz Ägypten. Ich schloß die Augen und fühlte die Weite des Landes, von dem meine Großeltern und meine Eltern immer erzählten. Es war, als läge es in meinen Händen, in meinem Herzen, auf meinen Lippen." Als Latifa gerade sechs Jahre alt war, wurde ihr Vater, der Büroangestellter war, nach al-Mansura versetzt, einer Stadt am Nil, südlich von Dumyat. Zum Abschied war die ganze große Familie zusammengekommen. Die Frauen weinten. Manche waren schwarz gekleidet – als wären sie in Trauer. Die kleine Latifa betrachtete das düstere Schauspiel ohne jede Gefühlsregung, ohne eine Träne zu vergießen. Sie freute sich darüber, wegzugehen – weit weg, wie die Seefahrer in den Geschichten ihrer Großmutter: „Für meine Familie war dieser Abschied ein sehr schmerzliches Ereignis. In jener Zeit kam es nur selten vor, daß eine Familie aus der Stadt wegzog. Viele Frauen starben, ohne je das Haus verlassen zu haben. Ich war ganz anders.

Latifa az-Zayet

Am Tag unserer Abreise nach al-Mansura war ich glücklich, endlich dieses weite Land sehen zu können, von dem ich auf der Terrasse meiner Großeltern immer geträumt hatte."

In al-Mansura mietete Latifas Familie den ersten Stock eines Hauses. Über ihnen wohnte die Besitzerin, eine alte Frau, zusammen mit ihrem Sohn. Wie in Dumyat so zog es Latifa auch hier immer wieder auf die Terrasse. Dort traf sie meist den Sohn der Hausbesitzerin, der dort saß und schrieb oder den Nil betrachtete, der gemächlich zum Meer hin strömte. Wenn er Latifa sah, lächelte er ihr freundlich zu und betrachtete sie lange mit seinen honigfarbenen Augen, so, als sähe er sie zum ersten Mal. Manchmal flüsterte er ihr ein paar Worte zu, gab ihr ein paar Bonbons und vertiefte sich dann wieder in seine Lektüre. „Wenn ich neben diesem jungen Mann saß, der schön wie ein Engel war, vergaß ich die Welt um mich herum und die vielen Armen, die ich bettelnd durch die Straßen der Stadt gehen sah. Ich glaube, daß ich in diesen Augenblicken den tiefen Sinn der Schönheit entdeckte." Später erfuhr sie, daß der junge Mann, der in der Blüte seiner Jahre starb, einer der größten Dichter Ägyptens in der Zeit zwischen den beiden Weltkriegen gewesen war.

In al-Mansura begegnete die junge Latifa auch zum ersten Mal dem Bösen und dem Verbrechen. Ihre Mutter hatte ihr die Geschichte zweier Frauen, Raya und Sakina, erzählt, die sich auf grausame Weise an ihren Männern rächten, indem sie sie erwürgten, in kleine Stücke schnitten und im Ofen verbrannten. „Meine Mutter, die eine große Erzählerin war, hatte mir die Geschichte von Raya und Sakina in allen Details geschildert. Als ich nachts neben meiner drei Jahre jüngeren Schwester schlief, sah ich mich plötzlich an der Stelle der Opfer der beiden kriminellen Frauen. Sie erwürgten mich und fingen an, mich mit langen Messern in Stücke zu schneiden. Voller Schrecken rannte ich ins Zimmer meiner Mutter, um mich bis zum Morgen ganz fest an sie zu klammern."

Als Latifa elf Jahre alt war, wurde sie von einem anderen schrecklichen Ereignis erschüttert, das ihr die Augen öffnete für die Übel, denen sich ihr Land gegenübersah. Es war 1934. Der Premierminister Ismail Sidki Pascha hatte dem Führer der liberalen Oppositionspartei *WAFD* verboten, al-Mansura und andere ägyptische Städte zu besuchen, um gegen die allzu englandfreundliche Politik der Regierung zu protestieren. Mustapha an-Nahas setzte sich über diesen Befehl hinweg und kam mit einigen seiner Mitstreiter in die Stadt. Der Armee wurde daraufhin befohlen, das Feuer zu eröffnen. Es gab vierzehn Tote und mehrere Dutzend Verletzte. Die junge Latifa erlebte das Massaker vom Balkon ihres Elternhauses aus mit. „Meine Mutter weinte still vor sich hin. Ich fühlte mich völlig ohnmächtig angesichts des schrecklichen Geschehens und zitterte wie ein nasser Vogel. Als ich sah, wie die Männer unter den Schüssen fielen, fing ich wie eine Verrückte an zu schreien. Ich glaube, daß dieses Ereignis der Grund für mein späteres politisches Engagement war."

Kurze Zeit darauf wurde Latifas Vater ein weiteres Mal versetzt – in die oberägyptische Stadt Assiut. Ein paar Monate später starb Latifas Großvater und kurze Zeit darauf auch der Vater. Die Familie zog nach Kairo, um sich dort endgültig niederzulassen. Latifas beide Brüder schrieben sich an der Universität ein; sie selbst besuchte ein Mädchengymnasium. Im Gegensatz zum politischen Leben, das von ständigen Krisen und heftigen Zusammenstößen zwischen dem Volk und der von den Engländern gestützten Regierung gekennzeichnet war, kam es in jenen Jahren im Kulturbereich zu einem neuen Aufbruch. Die Ideen des Fortschritts und der Freiheit, die im Zuge der *Nahda* aufgekommen waren, übten auf die Elite des Landes nach wie vor großen Einfluß aus. Taha Hussain (1883–1973), der gerade von seinem Studienaufenthalt aus Frankreich zurückgekehrt war, verbreitete in seinen Essays und Artikeln die Ideen der großen Philosophen der Aufklärung – Voltaire, Rousseau und Diderot – und Abbas al-Aqqad (1889–1964) brachte seinen Lesern in allgemeinverständlicher Form das Denken Nietzsches und Hegels nahe. Nagib Machfus hatte bereits seine ersten realistischen Romane veröffentlicht, die der jungen Schriftstellergeneration ganz neue Perspektiven eröffneten. Die Werke der großen europäischen Romanciers und Dichter wurden ins Arabische übersetzt – Balzac, Dickens, Dostojewski, Mark Twain, Baudelaire, Keats und viele andere. Es etablierten sich die ersten literarischen Salons, die meist von liberalen Frauen der Aristokratie und des Bürgertums unterhalten wurden. Auf den gegen die englische Besetzung und die Regierung gerichteten Demonstrationen sangen die Massen:

> O Volk des Orients,
> dies ist die Stunde der Freiheit
> Und Liebe wird in aller Herzen sein!

Im Gymnasium verschlang Latifa alle Bücher und Zeitschriften, die ihr zugänglich waren. Sie engagierte sich leidenschaftlich für Politik und verfolgte aufmerksam die Ereignisse in ihrem Land: „In dieser Zeit, zwischen fünfzehn und achtzehn, träumte ich davon, Schriftstellerin zu werden, vor allem aber eine Frau, die in der Geschichte ihres Landes Spuren hinterlassen würde. Ich war bis über die Ohren verliebt in einen jungen Mann, der in unserer Nähe wohnte, aber ich habe meine Gefühle unterdrückt aus Angst, die Liebe könnte mich daran hindern, das zu werden, was ich sein wollte und mußte!"

Als sie ihr Studium an der Universität aufnahm, war gerade der Zweite Weltkrieg ausgebrochen. In jenen Jahren kristallisierten sich ihre Vorstellungen und ihre Persönlichkeit immer klarer heraus. Ihre außerordentliche Schönheit zog die Aufmerksamkeit ihrer Kommilitonen auf sich, doch sie ließ sich dadurch nicht beirren und rauschte mit erhobenem Kopf und offenen Augen an ihren Verehrern vorbei. Sie führte die meisten Demonstrationen an, die damals von den Studenten gegen die Regierung und gegen die Engländer organisiert wurden. Ihr politisches Engagement nahm immer konkretere Formen an. Sie verteilte Flugblätter, hielt flammende Reden vor den Massen, bekämpfte ihre fundamentalistischen Kommilitonen, die sich den Muslimbrüdern angeschlossen hatten, und setzte sich mit großem Mut und dem Vertrauen in sich selbst und ihre Anschauungen mit allen politischen Gegnern auseinander.

Gegen Ende des Zweiten Weltkriegs hatte die nationale Bewegung in Ägypten weite Kreise der Bevölkerung erfaßt. Latifa az-Zayet fühlte sich zutiefst diesen Massen verbunden, die täglich mit dem Ruf nach Freiheit durch die Straßen Kairos zogen. 1946 organisierten die Studenten eine große Demonstration. Als sie versuchten, ins Zentrum der Stadt zu gelangen, erging an die Ordnungskräfte der Schießbefehl. Der Nil färbte sich rot vom Blut der getöteten Demonstranten. Am Ende dieses schwarzen Tages machte sich Latifa mit anderen Kommilitonen daran, die aus dem Nil geborgenen Leichen mit der ägyptischen Fahne zu bedecken und wieder erklang der Ruf: O Völker des Orients, dies ist die Stunde der Freiheit!

Im gleichen Jahr legte Latifa as-Zayet ihr Staatsexamen in englischer Literatur ab und heiratete einen jungen Studenten, der ihre Ideen und ihr politisches Engagement teilte. Drei Jahre später wurden beide verhaftet: „Mein Mann wurde als erster verhaftet, aber er konnte mit Hilfe eines Wärters, der mit den Ideen der Linken sympathisierte, aus dem Gefängnis fliehen. Vier Monate lang lebten wir auf der Flucht, wechselten jede Nacht unser Quartier. Im Morgengrauen eines heißen Sommertages des Jahres 1949 wurden wir im Schlaf überrascht und verhaftet. Ich wurde sechs Monate lang in eine Einzelzelle gesperrt. Sie folterten mich, spuckten mir ins Gesicht, drückten ihre Zigaretten auf meinem Körper aus und beschimpften mich als Nutte. Doch ich ließ mich nicht unterkriegen. Meine Widerstandskraft setzte damals viele meiner militanten Mithäftlinge in Erstaunen."

Im Jahre 1951 ließ Latifa az-Zayet sich von ihrem Mann scheiden, um einen liberalen Intellektuellen zu heiraten, der in London studiert hatte. „Nach einer gewissen Zeit hatte ich erkannt, daß ich mich bei der Wahl meines ersten Mannes hauptsächlich von meinen politischen Überzeugungen hatte leiten lassen. Erst mit der Zeit war mir klar geworden, daß mein Mann eigentlich nur ein Parteikamerad war.

Durch meine zweite Heirat hoffte ich, meinen Körper wiederzuentdecken, den ich in den vorangegangenen Jahren völlig vernachlässigt und vergessen hatte!"

Anfang der sechziger Jahre veröffentlichte Latifa az-Zayet ihren ersten Roman – „Die offene Tür". Leila Suleiman, die Protagonistin dieses sehr lyrischen kleinen Romans, ist eine

Doppelgängerin der Autorin aus der Zeit ihrer politischen Aktivitäten während der Studentenbewegung: ein sehr schönes Mädchen von aufgeschlossenem Geist und voller Vitalität. Wie Latifa selbst lehnt sie sich gegen die Familie und die überkommenen Traditionen auf, um ihren eigenen Lebensweg zu gehen. Sie nimmt jedes Opfer auf sich, um ihre Ideen innerhalb der Gesellschaft durchzusetzen. Am Ende macht Leila die Entdeckung, daß sich der eigentliche Feind, gegen den sie ankämpft, in ihr selbst befindet. Sie zieht sich von allen äußerlichen Dingen zurück und unternimmt eine lange Reise in die geheimnisvolle Welt ihrer Seele. „Ich habe ziemlich spät zu schreiben angefangen. Bis hinein in die sechziger Jahre hatten meine politischen Aktivitäten meine ganze Zeit in Anspruch genommen. Als ich 1950 aus dem Gefängnis kam, hatte ich die Idee, einen Roman über das Leben der Gefangenen zu schreiben, die mir begegnet sind. Doch ließ ich den Plan wieder fallen. Dann brach die Revolution der ‚Freien Offiziere‘ aus (1952), und Gamal Abdel Nasser übernahm die Macht. Das politische Geschehen nahm mich wieder ganz gefangen. Ende der fünfziger Jahre war ich völlig verzweifelt und hatte jede Hoffnung verloren. Ich mußte erkennen, daß viele meiner Träume, an die ich vor und nach der Revolution so fest geglaubt hatte, gestorben waren. In diesem Augenblick schien mir das Schreiben der einzige Rettungsanker zu sein in einem Land, das im Begriff war, abzudriften. Damals schrieb ich ‚Die offene Tür‘. Doch meine Beziehung zur Literatur nahm erst 1965 konkretere Formen an."

Die katastrophale Niederlage der ägyptischen Armee gegenüber Israel im Jahre 1967 traf Latifa az-Zayet, die damals Professorin für Englisch an der Universität Kairo war (sie hatte 1957 promoviert), wie ein schwerer Schicksalsschlag. Eine Woche lang irrte sie Tag und Nacht durch die Straßen der Stadt mit dem Gefühl, die Welt um sie sei aller Hoffnungen und Träume beraubt. „Niemals zuvor habe ich mich so ohnmächtig, so verzweifelt und so einsam gefühlt wie nach dieser Niederlage. Ich wollte schreien, weinen... doch meine Stimme versagte, und meine Augen hatten keine Tränen!" Während der Ära Sadat nahm Latifa az-Zayet ihre politischen Aktivitäten wieder auf, um den Wildwuchs des Liberalismus, die blutige Unterdrückung und die Verträge von Camp David zwischen Ägypten und Israel zu attackieren. 1979 wurde sie an die Spitze eines nationalen Komitées zur Verteidigung der Kultur berufen, das von einer Gruppe Intellektueller, die in Opposition zu Sadats Politik standen, gegründet worden war. Um die Oppositionsbewegung niederzuschlagen, ließ Sadat – vor allen nach dem mit Israel geschlossenen „Frieden" im Herbst 1981 – Hunderte von Intellektuellen verhaften. Auch Latifa az-Zayat war unter ihnen. Ein paar Wochen später wurde Sadat von einem Kommando des radikalen Flügels der fundamentalistischen Gruppe *Dschihad* („Heiliger Krieg") während einer Militärparade anläßlich des Jahrestages der siegreichen Überquerung des Kanals am 6. Oktober 1973 ermordet, und alle inhaftierten Intellektuellen kamen frei. „Nach den Verträgen von Camp David war Sadat völlig übergeschnappt. Er hörte auf niemanden mehr. Er glaubte, daß Ägypten, das ganze Land und das Volk, sein Eigentum sei. Sein größter Fehler war jedoch, daß er den Fundamentalisten große Freiheiten eingeräumt hatte in dem Glauben, sie gegen diejenigen Kräfte im Lande benutzen zu können, die ihm feindlich gesonnen waren, das heißt gegen die Säkularisten, die Liberalen, die Linken und den Rest. Doch wenn sich einer eine Schlange ins Bett legt, darf er sich nicht wundern, wenn er an ihrem Gift stirbt."

Während der achtziger Jahre veröffentlichte Latifa az-Zayet zwei Romane, zwei Erzählbände, ein Theaterstück und zwei kritische Essays über Nagib Machfus und das Bild der Frau im arabischen Roman. Ein ägyptischer Kritiker schrieb über ihr Gesamtwerk: „In allen Romanen und Novellen Latifa az-Zayets spiegeln sich ihr Leben, ihre Ideen und ihr ununterbrochener Kampf um ihre Freiheit und die Freiheit ihres Landes. Man kann also sagen, daß Leben und Werk dieser großen Frau unauflöslich miteinander verbunden sind."

Latifa az-Zayet starb am 16. September 1996 – drei Monate, nachdem sie mit dem bedeutendsten Literaturpreis ihres Landes ausgezeichnet worden war.

Auswahlbibliographie

Die Bibliographie verzeichnet ohne Anspruch auf Vollständigkeit die derzeit auf Deutsch, Englisch und Französisch lieferbaren Titel.

Etel Adnan

Englisch:
From A to Z Poetry, Post-Apollo Press, 1982
Journey to Mount Tamalpais, Post-Apollo Press, 1986
The Arab Apocalypse, Post-Apollo Press, 1989
Sitt Marie-Rose, Post-Apollo Press, 1990
The spring flowers own & the manifestations of the voyage, Post-Apollo Press, 1990
Paris, when it's naked, Post-Apollo Press, 1993
Of cities and women (Letters to Fawwaz), Post-Apollo Press, 1993
The Indian never had a horse & other poems, Post-Apollo Press, 1995
et al.: Russel Chatham, Winn Books, 1984

Französisch:
Sitt Marie Rose, Des femmes, 1978

Salwa Bakr

Deutsch:
Atijas Schrein, Lenos/PRO, 1992
Die einzige Blume im Sumpf. Geschichten aus Ägypten, Lenos/PRO, 1994
et al.: Pappschachtelstadt. Geschichten aus Ägypten, Lenos/PRO, 1991

Englisch:
The wiles of men & other stories, University of Texas Press, 1993
The golden chariot, Garnet Education, 1995

Hoda Barakat

Englisch:
The stone of laughter, Garnet Education, 1995

Assia Djebar

Deutsch:
Die Ungeduldigen, Heyne, 1992
Fantasia, Unionsverlag, 1993

Die Zweifelnden, Heyne, 1993
Die Frauen von Algier, Heyne, 1994
Fern von Medina, Unionsverlag, 1994
et al.: Gesteht's! Die Dichter des Orients sind größer, (Hrsg.) Haus der Kulturen der Welt, 1991
et al.: Europas islamische Nachbarn. Studien zur Literatur und Geschichte des Maghreb, Königshausen und Neumann, 1993
Weißes Algerien, Unionsverlag, 1996

Englisch:
A sister to Sheherazade, Quartet Books Ltd., 1991
Women of Algier in their Apartment, University Press of Virginia, 1992
Fantasia, Quartet Books Ltd., 1993
Fantasia: An Algerian cavalcade, Heinemann, 1993
Far from Medina: Daughters of Ishmael, Quartet Books Ltd., 1994

Französisch:
Femmes d'Alger dans leur appartement, Des femmes, 1980
Chronique d'un été Algerien: Ici et là-bas, Calmann-Lévy/Plume, 1993
L'amour, la fantasia. Albin Michel, 1995
Loin de Médine: Filles d'Ismaël, LGF, 1995
Vaste est la prison, Albin Michel, 1995

Salma Khadra al-Jayyusi

Englisch:
(Hrsg.): The literature of modern Arabia: An anthology, University of Texas Press, 1989
(Hrsg.): Modern Arabic poetry, Columbia University Press, 1991
(Hrsg.): Legacy of Muslim Spain, Brill, 1994
(Hrsg.): Anthology of modern Palestinian literature, Columbia University Press, 1995

Alya Mamdouh

Englisch:
Mothballs, Garnet Education, 1996

Amina Saïd

Französisch:
Métamorphose de l'île et de la vague, Arcantère, 1985
Sables funambules, Arcantère/Ecrits de forges, 1988
Feu d'oiseaux, Sud 1989
L'une et l'autre nuit, Dé bleu, 1993

Marcher sur la terre, La Différence, 1994
(Hrsg.): Le secret et autres histoires, Critérion, 1994

Ghada Samman

Deutsch:
Alptraum in Beirut, Lamuv, 1988; dtv 1992
Mit dem Taxi nach Beirut, Edition Orient, 1990; dtv 1993

Abbildungsverzeichnis

Seite 19: Nazik al-Mala'ika. Riad el-Rayyes Books Ltd., London
Seite 29: Etel Adnan. Hassouna Mosbahi, München
Seite 39: Khadra al-Jayyusi. Hassouna Mosbahi, München
Seite 47: Ghada Samman. Edition Orient, Meerbusch
Seite 59: Assia Djebar. Irmeli Jung, Strasbourg
Seite 67: Suad as-Sabah. Hassouna Mosbahi, München
Seite 77: Fadhila Chabbi. Hassouna Mosbahi, München
Seite 87: Hoda Barakat. Hassouna Mosbahi, München
Seite 95: Alya Mamdouh. Hassouna Mosbahi, München
Seite 105: Amina Saïd. Hassouna Mosbahi, München
Seite 113: Haifa Zankana. Hassouna Mosbahi, München
Seite 123: Lina Tibi. Hassouna Mosbahi, München
Seite 131: Salema Salih. Hassouna Mosbahi, München
Seite 141: Salwa Bakr. Pierre ABI-SAAB, London
Seite 151: Latifa az-Zayet. NOUR, Kairo